W0281021

Mômes Trotteurs

GUIDE CULTUREL DE PARIS

Mômes Trotteurs
GUIDE CULTUREL DE PARIS

Ingrid Pohu * Sébastien Mourrain

Magellan et Cie

Avant-propos

Voyager avec des yeux et des mots d'enfants

Mômes Trotteurs, c'est d'abord une émission de radio sur France Info, dans laquelle de jeunes globe-trotteurs nous racontent leurs voyages et nous font découvrir leur ville. Pour continuer à donner la parole aux enfants, j'ai décidé d'écrire ce guide culturel avec la complicité des 7-13 ans, qui nous donnent leurs bons plans et leurs meilleures adresses pour visiter Paris !

Mode d'emploi du guide

Voici huit balades pour te faire découvrir la capitale. Pour te repérer, chaque parcours dispose d'un plan. Chaque adresse est commentée, testée et approuvée par les Mômes Trotteurs. Tu me retrouves aussi tout au long du guide pour les anecdotes historiques.

Remerciements

Je remercie tous les enfants qui ont joué les reporters et apporté leur lumière pour réaliser ce guide, ainsi que les généreux experts qui ont répondu à leurs questions tout en leur ouvrant les portes de lieux emblématiques de Paris.

Ingrid Pohu

Sommaire

1. autour du

LOUVRE

Bd Haussmann
8e
1
Av. des Champs-Élysées
FRANKLIN D. ROOSEVELT
M
Av. des Champs-Ély
Cours la Rein
ARC DE TRIOMPHE Place Charles-de-Gaulle (8e), p. 24
MUSÉE DU LOUVRE 8, rue Sainte-Anne (1er), p. 16
Restaurants japonais Rue Sainte-Anne (8e), p. 28
TOOT BUS 11, rue Auber (9e), p. 29
COMÉDIE-FRANÇAISE 1, place Colette (1er), p. 26
1 Avenue des Champs-Élysées, p. 25
2 OBÉLISQUE DE LOUXOR Place de la Concorde (1er), p. 24
3 JARDIN DES TUILERIES Rue de Rivoli (1er), p. 27
4 JARDIN DU PALAIS-ROYAL 2, Gal de Montpensier (1er), p. 28
5 STATUE DE MOLIÈRE Place Mireille, (1er), p. 29

Bd Haussmann
9e
Rue Auber
OPÉRA
MADELEINE
Rue de la Paix
Av. de l'Opéra
Rue Royale
CONCORDE
2
5
4
Place
de la Concorde
Rue de Rivoli
TUILERIES
3
Rue de Rivoli
PALAIS-ROYAL
MUSÉE DU LOUVRE
Quai des Tuileries
1er

Les Mômes Trotteurs

Lise, 10 ans

« Je fais de la gym, de la piscine, du piano et du cirque. J'ai deux chats, Chantilly et Nestor (Nénesse). J'adore visiter des musées avec ma maman ! En plus du Louvre, j'ai découvert le musée Rodin, le musée Picasso et je suis allée dans la maison de Monet à Giverny. »

Charlotte, 12 ans

« Mes passions sont la lecture et les arts plastiques. Quand je dessine, j'exprime mes émotions par des couleurs vives qui font ressortir ma bonne humeur. À Paris, j'aime la pyramide du Louvre, la tour Eiffel et le petit ange sur la colonne de Juillet. »

Mona, 11 ans

« J'adore lire et inventer des petits objets. J'aime vivre des expériences nouvelles. Mon sport préféré ? Le skate ! J'ai commencé à écrire un livre qui raconte l'histoire d'une ado qui se transforme en vampire et explore le monde. »

Sacha, 13 ans

« Je fais du théâtre, de la guitare au conservatoire, du solfège, du *soundpainting* (orchestre d'improvisation), du badminton et de la natation ! J'ai un chat qui s'appelle Haru (le plus mignon du monde), ça veut dire printemps en japonais. »

Ève, 11 ans

« J'aime voir des films en famille, la lecture et l'écriture. J'aimerais devenir auteure de romans. Une de mes citations préférées est d'Honoré de Balzac: "Paris est un véritable océan, jetez-y une sonde, vous n'en connaîtrez jamais la profondeur." »

Léonard, 9 ans

« J'aime bien le sport, manger et lire des mangas. Je vais au conservatoire et j'apprends le piano. Paris c'est chouette, surtout le jardin des Tuileries et les squares où je joue au basket avec mes copains dès qu'il fait beau. »

Pauline, 8 ans

« J'habite à Moudon, en Suisse, près de Lausanne. Je joue de la flûte et j'ai trois poules. Je suis passionnée par les animaux, particulièrement par les chiens et les chevaux. »

Félix, 11 ans

« Ça me plaît de lire et d'apprendre des choses. J'aime les maths et tout ce qui s'y rapporte, je préfère la science à la littérature. Je joue de la guitare acoustique: Nirvana, Oasis, Supergrass. »

MUSEE DU LOUVRE

Menu de la balade

Cap sur le musée du Louvre ! À l'origine, il s'agit d'un château fort construit au XIIe siècle par le roi Philippe Auguste pour protéger Paris contre les Anglais. Il a ensuite été démoli par étapes pour laisser place en 1793 au palais du Louvre. On te propose d'aller saluer *La Joconde* et de partir à la rencontre des Égyptiens à l'époque des pharaons !
En sortant, te voilà prêt à crapahuter juste à côté dans le jardin des Tuileries imaginé par le jardinier du Roi-Soleil, André Le Nôtre. « Grâce à toutes ses sculptures, c'est un vrai musée à ciel ouvert ! C'est une autre façon de voyager dans l'histoire », apprécie Sacha, qui t'invite à assister, pas loin de là, à une pièce au théâtre de la Comédie-Française. Tu verras le fauteuil du *Malade imaginaire*, la dernière pièce de Molière. Le dramaturge y était assis quelques heures seulement avant sa mort...

À quatre stations de métro, tu peux grimper au sommet de l'Arc de Triomphe. Puis descendre la plus belle avenue du monde, les Champs-Élysées, jusqu'à la place de la Concorde à pied ou à bord d'un bus pour découvrir Paris *by night*. « Grâce à cette balade de nuit, se réjouit Félix, on fait le plein de poésie ! »

Gazette du Môme Trotteur parisien

LA GRANDE INTERVIEW

Charlotte, Lise et Mona ont suivi l'archéologue Daniel Soulié lors d'une visite dans le département des Antiquités égyptiennes du Louvre. Ses collections présentent la civilisation qui a évolué sur les bords du Nil depuis la fin de la Préhistoire (vers 4000 avant notre ère) jusqu'à l'époque chrétienne (à partir du IVe siècle après J.-C.).

Dans l'Aile Sully, le grand sphinx de Tanis accueille nos Mômes Trotteuses.

Les Mômes Trotteuses : *Le sphinx a un corps de lion et une tête de pharaon avec une barbe longue, c'est impressionnant !*

Daniel Soulié : C'est le plus grand sphinx du musée, il est cinquante fois plus petit que celui situé au pied des pyramides à Gizeh, en Égypte. C'est le roi représenté sous la forme d'un lion, l'animal le plus puissant. Cette statue a près de 5 000 ans et pèse douze tonnes. Elle est en granit rose, une pierre que l'on trouve beaucoup dans la région d'Assouan dans le sud de l'Égypte, où des carrières sont exploitées par les pharaons depuis pratiquement 3000 avant J.-C. En général, ces sculptures protégeaient l'entrée d'un temple, d'un palais ou d'un bâtiment important.

Les Mômes Trotteuses : *Il paraît que lorsque des personnes voulaient se venger des pharaons et du peuple égyptien, ils abîmaient ou cassaient le sphinx...*

Daniel Soulié : C'est vrai ! Quand on voulait détruire la puissance de quelqu'un, la plupart du temps, on lui cassait le nez. Symboliquement, cela veut dire qu'on ne peut plus respirer et donc vivre. On pouvait aussi percer les yeux pour que la statue ne puisse plus voir. En lui ôtant ses sens, on lui retire tous ses pouvoirs.

Dans la salle consacrée aux hiéroglyphes, on découvre le quotidien des Égyptiens, leur artisanat, leur mobilier, leurs parures et leurs vêtements.

Daniel Soulié : Les Égyptiens pensaient qu'on continuait à vivre après la mort dans un autre monde. Alors pour bien y vivre, on préparait un trousseau funéraire.

Les Mômes Trotteuses : *C'est une sorte de valise comme lorsqu'on part en vacances ?*
Daniel Soulié : Oui ! On peut s'imaginer qu'un Égyptien se disait : « Je vais bientôt mourir, je dois préparer mon voyage et emmener tout ce dont je vais avoir besoin : vêtements, outils, bijoux pour faire la fête. » Quand on part dans l'au-delà pour des millions d'années, on a aussi besoin de meubles. Il va falloir s'asseoir, se coucher, s'éclairer, donc on a aussi des lampes placées dans les tombes. Les Égyptiens emportaient aussi de quoi manger : légumes, viande, sans oublier du pain. Au Louvre on en a conservé un qui a quatre mille ans !

Les Mômes Trotteuses : *Et ce pain n'a pas pourri ?*
Daniel Soulié : Non, car dans le désert, il ne pleut jamais, le temps est extrêmement sec, le pain a donc durci. Ça veut dire qu'en Égypte, on a conservé des choses qui partout ailleurs ont disparu. Dans la tombe de Toutânkhamon par exemple, on a trouvé il y a environ un siècle des couronnes de fleurs quasi intactes autour de sa momie, elles avaient déjà pratiquement 3 000 ans ! Elles ont séché comme une rose.

Les Mômes Trotteuses : *Au fait, les Égyptiens savaient-ils faire la cuisine ?*
Daniel Soulié : Oui ! Ils préparaient beaucoup de poissons pêchés dans le Nil. C'est facile à cuisiner, on allume un feu et on les fait griller. Ils avaient beaucoup de légumes, de la volaille… Ils mangeaient du canard, des oies, de la viande même si elle était réservée aux plus riches, c'était assez précieux. Ils fabriquaient du vin, mais la boisson nationale en Égypte, c'était la bière, une boisson fermentée qui n'a pas grand-chose à voir avec celle qu'on boit aujourd'hui.

Les Mômes Trotteuses : *Sur des hiéroglyphes, on voit une forme d'œil, des pattes et un cou. À quoi cela correspond-il ?*
Daniel Soulié : Ici, ce sont les signes qui permettent d'écrire le nom de différents aliments. On

cite plusieurs types de pains, de gâteaux, de races de canards... On a des centaines de noms d'aliments qui sont conservés, donc on peut imaginer qu'ils mangeaient bien. On a beaucoup de représentations, de scènes dans les tombes, des peintures et des bas-reliefs qui représentent des banquets. Le peuple égyptien aimait bien s'amuser et buvait beaucoup.

Les Mômes Trotteuses : ***Est-ce fait exprès que chaque lettre soit représentée par un objet ou un animal ?***

Daniel Soulié : Oui, c'est un mode d'écriture. Nous, on a les lettres. Les Égyptiens, eux, représentaient des objets, des animaux, des personnages, des actions, c'est l'équivalent des rébus.

Les Mômes Trotteuses : ***De quoi se compose le papyrus ?***

Daniel Soulié : C'est l'équivalent du papier pour les Égyptiens, c'est une plante qu'on coupe en lamelles et sur laquelle on va écrire mais c'est extrêmement fragile, c'est entre le papier et le tissu. En Égypte, on trouve des papyrus qui ont 5000 ans et qui permettent de tout savoir sur eux. Dans un village, on a trouvé des milliers de petits textes : on connaît les noms des gens, de leurs enfants, avec qui ils se sont mariés, combien de temps ils ont vécu... La plupart du temps, on connaît leurs maisons, où et quand ils travaillaient. Donc on a plus d'informations sur les Égyptiens qui vivaient il y a quatre mille ans que sur des paysans qui vivaient à la campagne en France au siècle dernier !

Face à la vitrine avec des instruments de musique

Les Mômes Trotteuses : *On voit des instruments qui ressemblent à des castagnettes...*

Daniel Soulié : Il s'agit de claquoirs. Le son qu'ils produisent est équivalent au bruit qu'on fait quand on tape dans ses mains. Ils rythmaient des chants par exemple. On a aussi des lyres, un tambourin, un hautbois avec son étui et beaucoup d'instruments à cordes. Le sistre est le plus utilisé par les Égyptiens, il a des petites lamelles de métal à l'intérieur qui font du bruit. On l'utilisait pendant les cérémonies devant les statues des dieux. Cela permettait de les réveiller et on imagine que ça leur faisait plaisir.

Face à la momie du Louvre

Les Mômes Trotteuses : *Il paraît qu'on enlevait tout ce qu'il y avait à l'intérieur des momies. Après on mettait des plantes et on les faisait sécher au soleil et on les enroulait dans des bandages. C'est vrai ?*

Daniel Soulié : Comme les Égyptiens pensaient qu'on continuait à vivre après la mort, c'était important de conserver son corps. Ils savaient qu'un corps laissé au soleil pourrissait vite, alors ils ont cherché une solution pour qu'il ne s'abîme pas. Et ils ont eu l'idée de le vider complètement, juste après la mort. On ouvrait sur le côté du thorax et on allait chercher à l'intérieur toutes les entrailles : foie, poumons, estomac...

Les Mômes Trotteuses : *Est-ce qu'on laissait les os ?*

Daniel Soulié : Oui. Et on mettait les entrailles dans des vases Canope pour les garder au cas où on en aurait besoin dans l'autre monde. La seule chose qu'on ne gardait pas, c'est le cerveau. Les Égyptiens pensaient qu'il n'avait pas de fonction, donc ils s'en débarrassaient. Pour eux, le siège de l'intelligence, c'est le cœur. On le rendait liquide et on le faisait couler sur le côté de la tête.

Les Mômes Trotteuses : ***Et on le sortait par les narines !***

Daniel Soulié : Exact ! On perçait la cloison au fond des narines pour entrer dans la tête. On mettait un produit acide et le cerveau rendu liquide s'échappait. Ensuite, on enlevait tout ce qu'il y avait dans le corps (les viscères) et on pouvait mettre le corps dans du sel (du natron) qui absorbait toute l'humidité. On mettait parfois des morceaux de tissu dedans pour redonner du volume et, à partir de là, le corps pouvait se conserver naturellement pendant des milliers d'années. Une momie, ça ressemble à un poisson séché et c'est dur comme du bois. Celle que nous présentons au Louvre a toutes ses bandelettes.

Les Mômes Trotteuses : ***Les Égyptiens étaient obligatoirement momifiés ?***

Daniel Soulié : Oui, sinon ils ne pouvaient pas survivre dans l'autre monde. Autour du corps, on mettait des kilomètres de petites bandes de tissus comme des rubans. On pouvait dessiner dessus pour les décorer, et à l'intérieur, on mettait des petites amulettes et des bijoux parfois. On utilisait du bitume, une sorte de pétrole noir, pour protéger l'ensemble du corps. Mais il ne faut pas perdre de vue qu'il s'agit là de témoignages du quotidien des personnes les plus riches. La majeure partie de la population n'avait pas les moyens de se faire momifier, d'acheter un sarcophage ou un tombeau, empli de leurs richesses et décoré des scènes de leur vie sur terre.

LES SECRETS DU LOUVRE

2400 personnes travaillent au Louvre, dont près de 1200 agents de surveillance. La zone d'accès réservée au personnel se trouve sous les bâtiments du Louvre. On a l'impression qu'il y a des passages secrets... On y trouve les vestiaires, une salle de sport, une salle de repos et même une bibliothèque !

Les Mômes Trotteuses : ***Pourquoi les momies ont toujours les bras en croix ?***

Daniel Soulié : C'est l'attitude du dieu Osiris qui est le maître du monde des morts.

Les Mômes Trotteuses : ***Quelle était la taille moyenne des Égyptiens ?***

Daniel Soulié : Elle était inférieure à un mètre soixante-dix. Souvent les paysans mouraient à 20 ans épuisés de fatigue, et à 30 ans, on était un vieillard. Les Égyptiens avaient des connaissances avancées, ils savaient observer les astres. Ce sont eux qui ont inventé le calendrier, donc ils avaient toute une série de connaissances scientifiques, techniques ou philosophiques extrêmement évoluées. Il y a pourtant des domaines dans lesquels ils étaient en retard : pendant les mille cinq cents premières années de l'histoire égyptienne, les soldats avaient des outils en pierre, comme à l'époque préhistorique. Il a fallu longtemps avant qu'ils aient des armes de métal. Les gens qui vivaient au Proche-Orient à la même époque étaient techniquement plus avancés qu'eux.

Musée du Louvre
Rue de Rivoli (1er)
Métro Palais-Royal - Musée du Louvre
louvre.fr

LE STUDIO DU LOUVRE

En 2021, le musée du Louvre a ouvert dans l'aile Richelieu un lieu de création destiné aux juniors et aux familles. Situé en face de la Petite Galerie, ce bel écrin de 1 200 mètres carrés est doté d'un forum et de neuf salles d'ateliers. Des activités (puzzle géant, livrets, jeux...) pour éveiller leurs sens face aux toiles sont proposées dès 4 ans.
Ateliers gratuits avec le billet d'entrée du musée (17 €), gratuit pour les moins de 26 ans.

Le Paris du roi Henri IV

Né en 1553 à Pau, Henri IV s'installe dans la capitale en 1594, cinq ans après son accession au trône. Il est considéré comme un grand bâtisseur. En 1607, on lui doit l'achèvement du Pont Neuf, le premier pont en pierre parisien dont la construction a été lancée sous Henri III en 1578. Il a également fait ériger la place Dauphine et la place des Vosges.

Henri IV a vécu au Louvre, devenu la résidence principale des rois sous Henri III, son prédécesseur. Il a largement participé à ses travaux en terminant l'aile sud, destinée aux reines, et en construisant une grande galerie le long de la Seine pour relier les palais du Louvre et des Tuileries.

En 1610, Henri IV meurt dans sa chambre au Louvre quelques heures après avoir été poignardé par François Ravaillac.

La pyramide du Louvre vue par Lise

« Quand tu la vois comme ça, t'as l'impression qu'elle est toute petite alors que quand t'es dedans c'est super grand. Je ne savais pas qu'il y avait autant de salles juste dans un tout petit triangle. L'architecte chinois qui l'a dessinée, Leoh Ming Pei, a eu une bonne idée, c'est beau, ça me fait penser à l'eau transparente. C'est poétique en plus. On pourrait ajouter quelques décorations de licornes dessus, un peu comme des tatouages. D'ailleurs, moi, je visiterais bien le musée sur le dos d'une licorne ! »

La Joconde vue par Lise

« C'est une femme avec derrière un beau paysage de montagnes. C'est comme si elle te regardait où que tu te déplaces, ça me fait un effet d'espionnage, et c'est ça qui me plaît beaucoup. Léonard de Vinci a réussi son coup. Elle a l'air de se sentir bien, d'être gentille et un peu sérieuse. Elle est moderne parce qu'elle traverse le temps tranquillement, elle est calme. Elle ne s'abîme pas, elle s'est bien débrouillée ! »

LE SAIS-TU ?

Henri IV est le seul roi de France mort au palais du Louvre !

C'était le 14 mai 1610, il avait 56 ans. Ce jour-là, le monarque a été assassiné par Ravaillac dans la rue de la Ferronnerie dans le premier arrondissement de Paris. Tu peux d'ailleurs y découvrir une plaque au sol qui commémore l'endroit exact où le roi est tombé. Il s'est donc éteint peu de temps après dans sa chambre au palais du Louvre.

Activités à faire dans le quartier

*

LE SAIS-TU ?

La place de la Concorde et son obélisque

Depuis cette immense place de 8 hectares, tu peux apercevoir le Palais Bourbon (où se réunit l'Assemblée nationale) et le dôme des Invalides. C'est ici que le roi Louis XVI a été décapité en 1793. L'obélisque placé en son centre en 1836 a été acheminé en bateau depuis Louxor en Égypte. Ce monolithe en forme de pyramide, qui pèse 230 tonnes et mesure 23 mètres de hauteur, date du XIIe siècle avant J.-C. Cette colonne couverte de hiéroglyphes raconte la vie du pharaon Ramsès II. C'est un cadeau du vice-roi d'Égypte Méhémet-Ali à Charles X.

1. L'Arc de Triomphe

C'est Napoléon qui lance sa construction en 1806 afin que ses armées célèbrent leurs victoires en défilant sous un arc de triomphe, à la manière des Romains.

Léonard

« Il est beau et imposant, c'est comme un carré debout qui n'est pas fini. Sa forme ressemble aussi un peu à un Lego. Les décorations avec les personnages sur le monument sont belles. C'est sculpté à la main sur la pierre, ils se sont appliqués ! En observant la flamme du soldat inconnu, on pense aux militaires qui sont morts pour défendre la France. L'Arc de Triomphe est encore plus beau en vrai que sur les photos. »

LE SAIS-TU ?

Les Champs-Élysées, la plus célèbre avenue de Paris

Connue dans le monde entier, cette artère s'étend sur près de 2 kilomètres en reliant l'Arc de Triomphe à la place de la Concorde. Elle a été tracée sous le règne de Louis XIV en 1667, et ses travaux ont été menés par le fameux jardinier paysagiste André Le Nôtre. Joli coup de crayon !
Aujourd'hui, de grands événements s'y déroulent : le défilé militaire du 14-Juillet et l'arrivée du Tour de France.

2. Assiste à une pièce de théâtre à la Comédie-Française

La Comédie-Française est surnommée la « Maison de Molière », elle a été créée sur ordre du roi Louis XIV en 1680, sept ans après la mort du célèbre auteur.

Sacha

« Quand on entre, on monte un bel escalier en marbre avec des marches très larges, ça donne un air de princesse. Dans la pièce ronde, il y a le siège de Molière. Je trouve ça beau et émouvant parce qu'il a quand même laissé derrière lui des œuvres magnifiques. Et je pense que s'il était là aujourd'hui, il serait super fier de se dire qu'il y a des enfants, des adultes et toutes les générations qui vont là-bas voir ses pièces comme *Les Fourberies de Scapin*. Parfois, je vais tout en haut dans le poulailler, on n'y est pas si mal placé car on voit tout ! Et puis j'aime bien la place Colette juste devant, les cafés autour et la bouche de métro Palais-Royal - Musée du Louvre avec ses coupoles recouvertes de perles de verre colorées. »

Comédie-Française
1, place Colette (1er)
Métro Palais-Royal - Musée du Louvre
01 44 58 15 15
comedie-francaise.fr

3. Flâne au jardin des Tuileries

Il tient son nom des fabriques de tuiles qui se trouvaient à l'endroit où la reine Catherine de Médicis fait en 1564 édifier le palais des Tuileries, aujourd'hui disparu. À partir de 1664, le jardinier du Roi-Soleil (Louis XIV), André Le Nôtre, lui donne son aspect actuel de jardin à la française.

Léonard

« Je l'aime beaucoup pour ses jeux et ses fontaines où viennent les pigeons. Je trouve ce jardin très agréable pour se poser, lire, faire du sport ou du yoga. Il y a les arbres, le plein air. C'est comme si on était à la campagne. Avec mon père, on y joue au frisbee. Je conseille de manger une glace et d'aller s'asseoir sur des chaises qui ressemblent à des transats. J'aime bien descendre le grand toboggan, il y a aussi des trampolines. On peut y voir la sculpture *L'Arbre des Voyelles* (de Giuseppe Penone). Elle représente un chêne allongé et déraciné fait en bronze. »

Pauline

« J'ai pique-niqué près de la porte du Carrousel et j'en ai profité pour jouer à Marie-Antoinette ! Avec mon frère et mes deux cousins, on a imaginé qu'il y avait des soldats qui nous poursuivaient, du coup on a couru partout. C'était cool car il y avait des passages un peu secrets entre les haies. Et puis on a trouvé un nid d'oiseaux. Ce jardin est immense ! J'y ai vu plein de gens faire du sport et courir comme s'ils étaient dans la forêt. »

Jardin des Tuileries
Place de la Concorde (1er)
Métro Concorde et métro Tuileries
Du lundi au dimanche 7h-21h

4. Promène-toi dans le jardin du Palais-Royal

Ce grand square labellisé « jardin remarquable » a été aménagé en 1633 au centre du Palais-Royal. Il est bordé par quatre galeries: Montpensier, Beaujolais, Valois et Jardin au sud.

Ève

« Ce jardin touche presque le Louvre. Juste avant d'y entrer, on traverse la cour d'honneur du Palais-Royal et là, on découvre une œuvre originale appelée *Colonnes de Buren* (de l'artiste Daniel Buren). Elles sont rayées en noir et blanc et on peut monter dessus pour admirer la vue. On peut zigzaguer entre les colonnes en trottinette. Tout autour du square, il y a des galeries avec des boutiques, c'est sympa. »

Jardin du Palais-Royal
43, rue de Valois (1er)
Métro Palais-Royal - Musée du Louvre et métro Pyramides
Du lundi au dimanche 8h30-22h30

5. Goûte au Japon dans la rue Sainte-Anne

Sacha

« Depuis que je suis petite, je vais déjeuner dans les restaurants japonais de la rue Sainte-Anne, c'est un rituel. Moi, j'aime cuisiner japonais, donc je vais souvent faire mes courses là-bas, chez Miki (5, rue de Louvois). Pour les pâtisseries, je conseille d'aller chez Tomo (11, rue Chabanais), c'est super bon ! À Kodawari Ramen (12, rue de Richelieu), on déguste de super ramens dans un décor de poisson. Allez à boulangerie Aki pour le pain melon, une brioche avec une croûte façon cookie (16, rue Sainte-Anne). Et pour ceux qui aiment les mangas, je conseille la librairie Book off (11, rue Monsigny). »

6. Admire la statue de Molière

Au sortir du quartier de l'Opéra, place Mireille, tu peux observer une statue en bronze représentant le plus célèbre dramaturge de la langue française.

Charlotte

« Molière a écrit de jolies pièces de théâtre parfois dramatiques qui peuvent donner une leçon comme dans *Les Fables* de la Fontaine. Sur cette sculpture, il a des cheveux frisés et longs, plus longs que les miens ! Il a un livre à la main et un crayon dans l'autre, il a l'air d'être en pleine réflexion car j'arrive à voir son regard concentré. »

7. Profite de Paris *by night* en Tootbus

Félix

« On part du parc des Tuileries et on passe par de grands monuments : le Louvre, l'Obélisque, les Champs-Élysées, la tour Eiffel, le Moulin Rouge… On a des audioguides. Depuis le toit ouvert du deuxième étage du bus, on voit beaucoup mieux toutes les lumières de Paris. C'est beaucoup plus poétique que le jour, avec tous les bouchons. Le tour dure deux heures, c'est beau et intéressant. J'ai appris qu'au XVIIIe siècle, il y avait une guillotine sur la place de la Concorde ! »

Tootbus
11, rue Auber (9e)
tootbus.com

2. autour de

NOTRE-DAME DE PARIS

ÉTIENNE MARCEL
LOUVRE-RIVOLI
Rue de Rivoli
Boulevardd de Sébastopol
1er
Rue de Rivoli
PONT-NEUF
HÔTEL DE VILLE
Quai de l'Horloge
Quai de Gesvres
Quai de la Corse
CITÉ
Quai aux
4e
NOTRE-DAME DE PARIS
6, parvis Notre-Dame,
(4e), p. 38
MUSÉE CARNAVALET
23, rue de Sévigné
(3e), p. 49
THÉÂTRE ESSAÏON
6, rue Pierre-au-Lard
(4e), p. 51
´MUSÉE PICASSO
5, rue de Thorigny
(3e), p. 51
MUSÉE DE L'ILLUSION
98, rue Saint-Denis
(1er), p. 50
1 ÎLE SAINT-LOUIS
(4e), p. 45
2 CONCIERGERIE
2, boulevard du Palais
(1er), p. 45
3 BHV MARAIS
52, rue de Rivoli
(4e), p. 48
4 SAMARITAINE
2, rue de la Monnaie
(1er), p. 48

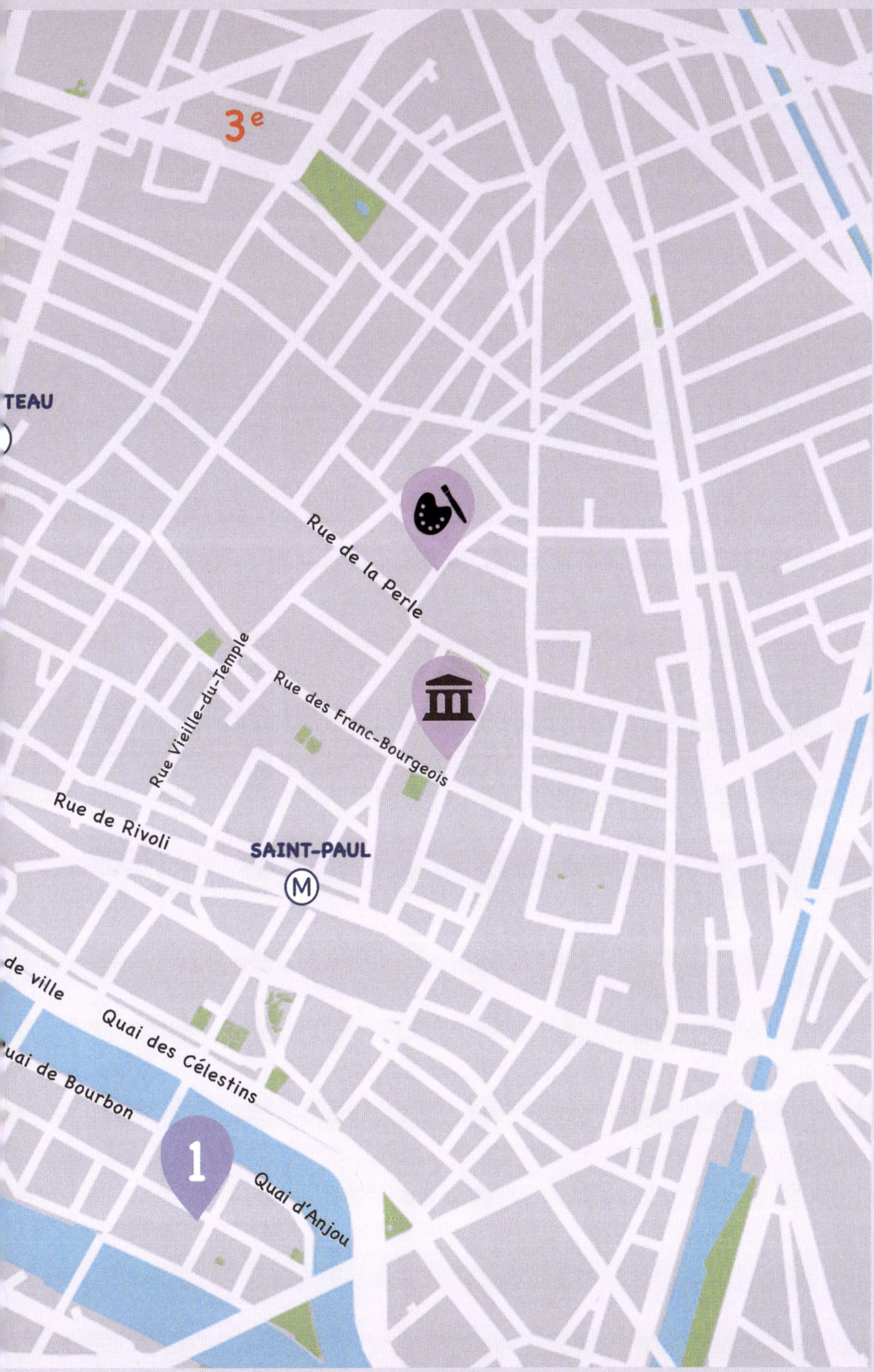
3e
TEAU
Rue de la Perle
Rue Vieille-du-Temple
Rue des Franc-Bourgeois
Rue de Rivoli
SAINT-PAUL
M
de ville
Quai des Célestins
uai de Bourbon
1
Quai d'Anjou

Les Mômes Trotteurs

Éléonore, 10 ans

« Je fais de l'escalade et j'adore jouer aux Lego pour construire des véhicules. Plus tard, je voudrais être ingénieur en écologie pour inventer des choses qui ne polluent pas. »

Julia, 8 ans

« J'aime les maths, jouer avec mes copines et dormir. Paris est belle, il y a du bruit mais on y trouve des endroits très calmes. J'ai trois petites tour Eiffel à la maison. »

Lise, 10 ans

« J'adore la pâtisserie et surtout le chocolat ! J'aime aussi la natation, le basket et la danse. »

Léonard, 9 ans

« Je suis passionné par l'Histoire et surtout par la période sous Napoléon. J'ai un chat qui s'appelle Haru et je fais du karaté, du basket et de l'escrime. »

Juliette, 10 ans

« Mon moment préféré dans la journée, c'est quand je rentre de l'école et que je me plonge dans un livre. Ma période favorite dans l'Histoire est le Paléolithique. »

Pauline, 8 ans

« J'habite à Moudon, en Suisse, près de Lausanne. Je joue de la flûte et j'ai trois poules. Je suis passionnée par les animaux, particulièrement par les chiens et les chevaux. »

Clément, 9 ans

« J'habite dans la région lausannoise en Suisse. J'aime chanter, voyager et découvrir d'autres cultures que la mienne. J'ai adoré visiter Paris. J'ai beaucoup de plaisir à l'école. À la maison, j'ai un chat qui s'appelle Prunelle. »

Menu de la balade

Cap sur l'Île de la Cité ! Depuis son parvis, tu peux admirer la cathédrale Notre-Dame de Paris qui s'offre un nouveau look. En partie détruite par un gigantesque incendie le 15 avril 2019, elle doit rouvrir en 2024, année où les Jeux olympiques d'été sont organisés à Paris. Pendant la durée des travaux, tu peux visiter virtuellement le monument à différentes périodes de son histoire.

Sept kilomètres. C'est la longueur de la promenade le long des quais en bord de Seine à faire à pied, à vélo et même en skateboard comme Léonard. « On roule à côté des aires de jeux en regardant naviguer les bateaux, c'est sympa », précise ce spécialiste du kickflip.

À quelques stations de métro, tu flânes dans deux temples historiques du shopping parisiens, La Samaritaine et le BHV Marais. Et tandis que le musée Carnavalet te dévoile l'histoire de Paris, le musée Picasso te montre les toiles du peintre Pablo Picasso. Et puis, tadam ! Le musée de l'Illusion fait son apparition.

LA GRANDE INTERVIEW

La remise en état de la cathédrale Notre-Dame de Paris a commencé en 2022 avec la reconstruction de sa charpente et de sa flèche. « Quand Notre-Dame a brûlé, j'ai eu l'impression qu'une partie du monde s'effondrait. J'ai ressenti de la tristesse », se souvient Éléonore. Avec son amie Juliette, elle est allée interroger Laurent Prades, le régisseur de la cathédrale. Son rôle ? S'occuper du patrimoine de l'édifice (mobilier, objets, tableaux...) et organiser les grandes célébrations et concerts qui s'y déroulent.

Les Mômes Trotteuses: *Allez-vous garder la même architecture pour la reconstruction de Notre-Dame ?*

Laurent Prades: C'est un monument historique, il y a des règles à suivre. Le ministère de la Culture a décidé que Notre-Dame serait reconstruite à l'identique. On va refaire une charpente et une flèche en bois (son coq n'a pas brûlé) et une toiture du même poids comme avant. Nous allons prendre des chênes qui ont entre quatre-vingts et cent vingt ans pour la charpente.

Les Mômes Trotteuses: *Allez-vous reconstruire la cathédrale avec des moyens modernes ou avec les mêmes qu'au Moyen Âge ? C'est peut-être plus joli si on fait comme au XIIe siècle...*

Laurent Prades: C'est un peu un ensemble des deux ! Un certain nombre de techniques n'ont pas changé. Par exemple, un tailleur de pierre utilise exactement le même matériel que son lointain prédécesseur au Moyen Âge. Il a toujours son maillet, son poinçon, l'ensemble de ses outils pour travailler. Pour acheminer les pierres au sommet de la cathédrale, on n'utilisera plus l'écureuil (une sorte de roue qu'on actionne en marchant à l'intérieur pour lever les pierres), mais une grue moderne. Ce qui fait gagner du temps. Il a fallu un peu plus de

cent ans pour édifier Notre-Dame. Nous, on nous a donné cinq ans, il va donc falloir aller vite !

Les Mômes Trotteuses: ***Est-ce l'occasion de réaliser des choses que vous ne pouviez pas faire avant ?***
Laurent Prades: Oui ! Le fait que la cathédrale soit fermée, ça permet de revoir le système de chauffage, l'éclairage... C'est l'occasion d'enlever tout le matériel ancien et d'en mettre du neuf pour repartir à zéro. Et ça protégera mieux la cathédrale contre de potentiels déclenchements d'incendie. On remet à jour la totalité des installations techniques.

Les Mômes Trotteuses : ***Allez-vous utiliser des matériaux pare-feu ?***
Laurent Prades : On réfléchit à des systèmes de protection contre les incendies, par exemple les câbles électriques seront mieux protégés. Et si un feu se déclenche, il y aura désormais tout un système d'eau envoyé sous pression dans des tuyaux pour commencer à l'éteindre avant l'arrivée des pompiers.

Les Mômes Trotteuses : ***Allez-vous remettre la décoration exactement comme avant ?***
Laurent Prades : Un certain nombre de choses ont été détruites dont l'autel sur lequel le prêtre célébrait la messe et les chaises dans la nef. C'est l'occasion de repenser un nouveau style de chaises et de bancs. Ensuite, les tableaux, les statues, l'ensemble des œuvres qui étaient dans Notre-Dame vont revenir, simplement on réfléchit à les accrocher différemment. On a l'intention de faire venir de nouvelles œuvres d'art réalisées par exemple par des artistes d'aujourd'hui.

Les Mômes Trotteuses : ***Avant, c'était assez sombre à l'intérieur...***
Laurent Prades : Oui parce que la dernière fois que Notre-Dame a été nettoyée, c'était il y a plus de cent cinquante ans ! Des moutons de poussière étaient accrochés sur les murs. Et sous la couche de crasse, les restaurateurs ont retrouvé la couleur d'origine de la pierre calcaire qui est en fait très claire et légèrement dorée. Ils ont même retrouvé des fleurs de lys dorées à la feuille ! Elles décoraient les murs à l'époque où il y avait des rois. Le jour où la cathédrale va rouvrir, elle sera entièrement nettoyée, donc très claire.

Les Mômes Trotteuses : ***Allez-vous laisser les gargouilles ?***
Laurent Prades : Elles sont toujours là et on les verra ! Ce sont ces grandes pierres sculptées horizontales qui servent à envoyer l'eau un peu plus loin que les murs. Et aussi, plus haut sur la tour, on a les chimères, ce sont des sculptures avec des bêtes fantastiques. Certaines ont été abîmées par l'incendie, pareil pour les gargouilles. Grâce aux photos et dessins que l'on a d'elles et qui ont été réalisés au XIXe siècle, on va les refaire à l'identique.

Les Mômes Trotteuses : ***Il paraît qu'il faut trois ans pour nettoyer l'orgue, c'est vrai ?***
Laurent Prades : Oui, car c'est l'un des plus gros de France ! Il a plus de huit mille tuyaux ! Certains

font quelques centimètres et les plus grands plus de onze mètres de hauteur. Les tuyaux d'orgue s'apparentent un peu à une flûte quand on en joue, donc il va falloir tous les retoucher un par un pour qu'ils sonnent tous bien ensemble. On appelle cela harmoniser. Rien que cette étape prend six mois.

Les Mômes Trotteuses: ***Allez-vous créer un parcours historique autour du livre de Victor Hugo,*** **Notre-Dame de Paris*?***

Laurent Prades: L'idée est de faire mieux comprendre l'histoire de ce lieu. Sur le parvis, on expliquera ce qu'est la cathédrale, pourquoi elle est au cœur de Paris. Et on évoquera forcément le roman de Victor Hugo puisque si Notre-Dame est aussi mondialement connue aujourd'hui, c'est grâce à ce livre et à son héros Quasimodo.

Les Mômes Trotteuses: ***Est-ce qu'il y aura un décor différent autour de Notre-Dame?***

Laurent Prades: Oui! La ville de Paris veut réaménager le parvis, les rues autour et le square juste derrière. Un paysagiste travaille sur la végétalisation pour qu'il y ait plus d'espaces verts: pelouses, arbres, massifs... Ce sera terminé pour l'horizon 2030, vous aurez alors 17 ans!

Parvis Notre-Dame
Place Jean-Paul II (4e)
Métro Cité, Saint-Michel, Cluny - La Sorbonne (RER B et C, station Saint-Michel Notre-Dame)

L'HISTOIRE DE NOTRE-DAME DE PARIS

La première cathédrale gothique de France a été construite de 1163 à 1345. Sacré exploit! Son nom se réfère à la Vierge Marie, la maman de Jésus pour les chrétiens. Elle a été saccagée pendant la Révolution française (1789-1799), puis restaurée au XIXe siècle par l'architecte Viollet-le-Duc. Avant l'incendie, le monument accueillait douze millions de visiteurs par an!
On y a célébré les grandes heures de la France dont le sacre de Napoléon Ier en 1804.

Le Paris de Victor Hugo

L'écrivain est né en 1802 à Besançon et mort à l'âge de 83 ans à Paris, où il a vécu au 50, avenue... Victor-Hugo ! Elle s'appelait auparavant « avenue d'Eylau », et elle a changé de nom en 1881. Un bel hommage à l'auteur du roman ***Les Misérables*** (1862), dans lequel il évoque la misère à Paris dans les années 1815-1832.

Son roman ***Notre-Dame de Paris*** (1831) est un hommage à la cathédrale. Il y raconte l'histoire de Quasimodo (le bossu sonneur de cloches adopté par le prêtre Frollo) et de la danseuse gitane Esmeralda. « Le style est romantique, c'est l'une des plus belles histoires d'amour de la littérature ! », estime Éléonore.

Victor Hugo a toujours défendu Paris qu'il considérait comme « la ville de l'avenir ». En 1883, il a d'ailleurs empêché la destruction des arènes de Lutèce, un amphithéâtre romain (5e arrondissement). « Il utilise sa plume comme une arme pour défendre ce qu'il croit être le bien, il fait de l'art politique », résume Éléonore.

L'éminent homme de lettres est entré au **Panthéon** en 1885.

VISITE VIRTUELLE DE NOTRE-DAME DE PARIS

Dans un parking souterrain réaménagé sous le parvis de Notre-Dame, tu peux visionner le film en 3D *Éternelle Notre-Dame*.
Un casque vissé sur la tête, tu te balades dans l'édifice de la nef au pied des rosaces (grands vitraux en forme de cercle), mais aussi dans la charpente et les tours avec les cloches.
Tu découvres toute l'histoire de la cathédrale, du Moyen Âge à aujourd'hui. Dans la crypte, partie souterraine du monument, tu peux aussi visiter l'exposition sur **Victor Hugo** et **Eugène Viollet-le-Duc** (1814-1879) qui a restauré Notre-Dame.
eternellenotredame.com / crypte.paris.fr

LE SAIS-TU ?

En 1832, Victor Hugo quitte la rue Jean-Goujon dans le 8e arrondissement de la capitale pour s'installer avec sa famille dans un appartement au deuxième étage d'un hôtel particulier situé au 6, place des Vosges, dans le 4e arrondissement. L'écrivain y a vécu pendant seize ans. Aujourd'hui, tu peux visiter cette maison qui est devenue un musée !

maisonsvictorhugo.paris.fr

Activités à faire dans le quartier

*

1. Balade en skateboard sur les berges de Seine

Le parc aménagé Rives-de-Seine offre une promenade piétonne de près de sept kilomètres sur les deux rives du fleuve : du bassin de l'Arsenal à Bastille jusqu'au Champs-de-Mars, au pied de la tour Eiffel.

LE SAIS-TU ?

Paris entre en Seine

Les premiers habitants de Paris (les Celtes *Parisii*) se sont installés sur l'île de la Cité. La Seine les protégeait de leurs ennemis et leur permettait de se développer en partie grâce à la pêche. Aujourd'hui, le fleuve traverse Paris sur 14 kilomètres d'est en ouest et sépare la ville en deux : la rive droite et la rive gauche. Elles sont reliées par trente-sept ponts. Amusant, le plus vieux (1607) s'appelle... le Pont-Neuf ! Il se trouve à l'ouest de l'île de la Cité. La passerelle la plus récente (2006) porte le nom d'une grande écrivaine française : Simone de Beauvoir. Elle joint le parvis de la Bibliothèque nationale de France et le parc de Bercy.

LE SAIS-TU ?

L'île Saint-Louis, bienvenue au cœur du Vieux Paris

L'île Saint-Louis est née au XVIIe siècle de la réunion de l'île Notre-Dame et de l'île aux Vaches, un ancien pâturage. Soit tu en fais le tour par les quais, soit tu la traverses en parcourant la longue rue Saint-Louis-en-l'Île, qui est ornée de beaux hôtels particuliers des XVIIe et XVIIIe siècles. De là, tu peux rejoindre l'île de la Cité grâce au pont Saint-Louis. Tu verras, des musiciens et des acrobates se donnent souvent en spectacle sur cette passerelle !

Léonard

« On a l'eau de la Seine à côté de nous, c'est cool d'observer les péniches et les policiers en bateau. Tout le monde est joyeux ! Et moi, je me sens libre dans l'air ! Surtout quand je tente des sauts comme le Ollie avec ma planche et que je tourbillonne. J'aime bien voir ceux qui se retrouvent entre copains le dimanche sur leur longboard (planche à roulettes plus longue qu'un skateboard). Il y a un espace pour "skater" et un autre pour aller à pied, à rollers ou à vélo. C'est bien qu'il n'y ait aucune voiture, sinon tout le monde devrait se bousculer et ça serait beaucoup plus compliqué. »

2. La Conciergerie, première prison de Paris, et la Sainte-Chapelle

Ce monument est un vestige du palais de la Cité bâti au XIVe siècle par Philippe le Bel. Il fait partie de l'ancien palais des Rois de France. En 1370, le roi Charles V préfère aller vivre au palais du Louvre, la

Conciergerie se transforme alors en prison. L'officier qui enregistrait les prisonniers s'appelait... le concierge. D'où le nom du monument !

Julia

« Les tours de la Conciergerie portent des noms : tour de l'Horloge, tour César, tour d'Argent et tour Bonbec où on torturait les gens qui étaient emprisonnés. Les concierges étaient en fait les gardiens de prison, ils gardaient les clés. On découvre une pièce où étaient jugés les gens comme dans un tribunal. J'ai vu la cellule de la reine Marie-Antoinette qui est plus grande que les autres. Sur un grand écran, tu peux taper ton nom pour savoir si tes ancêtres ont été détenus ici ! Les miens, non, j'ai été soulagée ! À l'intérieur, on découvre les beaux vitraux de la Sainte-Chapelle avec à l'extérieur un jardin que pour les filles et un autre que pour les garçons. »

LE SAIS-TU ?

As-tu remarqué l'immense horloge dorée sur la tour carrée, à l'angle de la Conciergerie ?
Il s'agit de la première horloge publique de la capitale. Elle donne l'heure aux Parisiens depuis 1371 !

Conciergerie
2, boulevard du Palais (1er)
Métro Cité, RER Saint-Michel - Notre-Dame
paris-conciergerie.fr
9 € / gratuit -18 ans / billet jumelé avec la Sainte-Chapelle : 15 €

Visite avec l'agence Sand'Rions, spécialiste des balades sur l'histoire de Paris à hauteur d'enfants :
sand-rions.com

3. Le Paris des dessins animés

Cette visite guidée dans le centre historique de Paris te permet de découvrir les lieux et monuments qui ont inspiré les dessins animés les plus célèbres: *Les Aristochats, Ratatouille, Un monstre à Paris, Le Bossu de Notre-Dame*...

Clément

« Les gargouilles servent à jeter les eaux de la pluie et à faire peur aux mauvais esprits. J'ai bien aimé regarder La Tour d'Argent. Elle a inspiré le restaurant "Chez Gusteau", dans *Ratatouille*. On dit qu'en 1582, le roi Henri III y a mangé pour la toute première fois en utilisant une fourchette. La Seine est très jolie avec ses ponts, ça donne du bonheur aux gens. Ça ne m'étonne pas que Paris inspire les dessins animés parce que c'est une grande ville avec plein de personnages importants comme Charlemagne qui a inventé l'école, on voit sa statue sur le parvis de Notre-Dame. »

Métro Cité,
RER Saint-Michel - Notre-Dame
01 79 72 57 35
myurbanexperience.com
Adulte : 19 €, enfant -12 ans : 9,50 €
(durée : 1h30)

4. Explorer les grands magasins parisiens

La Samaritaine

Fondée en 1870 par un commerçant parisien, Ernest Cognacq, la Samaritaine a rouvert ses portes en 2021 après seize années de travaux. Le magasin principal est inscrit au titre des monuments historiques.

Éléonore

« Quand on entre dans la partie ancienne de l'époque Art nouveau et Art déco, c'est super haut. Au milieu, les grands escaliers forment comme un grand trou, c'est impressionnant. Et là, il y a plein de petites galeries remplies de boutiques de mode (vêtements, chaussures, montres...), c'est chic. Et dans le bâtiment moderne, il y a des restaurants. »

Samaritaine
9, rue de la Monnaie (1er)
Métro Pont-Neuf
01 88 88 60 00 / dfs.com/fr/samaritaine
Ouvert tous les jours de 10h à 20h

Le BHV Marais

Inauguré en 1856 sous le nom de Bazar de l'Hôtel de Ville, ce lieu fait aussi partie du patrimoine de la capitale.

« Sa devanture est belle. On l'appelle Bazar de l'Hôtel de Ville parce qu'il y a un peu de tout à vendre: des espaces pour le bricolage, des chaussures, de la décoration... Pour les vêtements, on trouve tout le chic parisien! Avec le style béret et baguette de pain pour le côté vintage, et les robes de princesse à collerette avec des manches courtes plus classiques. »

BHV Marais
52 rue de Rivoli (4e)
Métro Hôtel de Ville
09 77 40 14 00 / bhv.fr
Ouvert tous les jours de 10h à 20h,
le dimanche de 11h à 19h

5. Le musée Carnavalet

En 1866, la ville de Paris achète l'hôtel Carnavalet pour y créer un musée consacré à son histoire. Fermé pour travaux durant plusieurs années, cet hôtel particulier a rouvert ses portes en 2021 dans le quartier du Marais.

Éléonore

« On arrive d'abord dans une salle où il y a plein d'enseignes de vieilles boutiques de Paris qui ont été retirées. J'ai bien aimé celle en pierre avec son drôle de nom "rue des Mauvais Garçons". Je n'avais jamais vu ça avant ! Après, on monte un escalier très beau et on tombe sur une grande pièce d'actualités avec des photos des rues parisiennes pendant le confinement.
Sur l'estampe *Le marchand de coco* (Adrien Joly, vers 1815), on voit un marchand parisien qui porte un grand distributeur de coco sur son dos. Le coco, c'est un thé au réglisse avec du citron. Ce monsieur ambulant fait boire tout le monde dans le même verre vu qu'on s'en fichait un peu de l'hygiène. Et il y a un vrai distributeur de coco dans le musée !
J'ai participé à un atelier avec l'illustrateur Antony Huchette, j'ai dessiné un tableau de Giuseppe Canella *Le marché aux fleurs, la Tour de l'Horloge, le Pont au Change et le Pont-Neuf* (1832) où il y avait une voyante, des chevaux, des marchands de fruits dans des calèches. On pouvait mettre des dialogues, ça fait découvrir Paris autrement... »

Éléonore conseille le livre *Histoires chuchotées au musée Carnavalet* (Éditions Paris Musées, 2021) sur le Paris dessiné, écrit par Bernard Friot et illustré par Antony Huchette. Ces histoires mettent en scène dix œuvres du musée, des Vikings jusqu'aux années 1930.

Musée Carnavalet
23, rue de Sévigné (3e)
Métro Saint-Paul et Chemin Vert
01 44 59 58 58 / carnavalet.paris.fr
Du mardi au dimanche de 10h à 18h
L'accès aux collections permanentes est gratuit.

6. Le musée de l'Illusion

Lise

« Il est trop bizarre ce musée! Quand on s'assoit sur une chaise spéciale on apparaît super grand et les parents à côté tout petits!
En fait, c'est juste une histoire de placement qui crée une illusion d'optique. Dans le tunnel vortex, j'ai failli tomber! J'ai eu l'impression d'être dans une attraction mais en fait c'était juste le décor qui bougeait.
Ça donnait un peu le tournis et c'était comme si tu volais. C'est super bien aussi quand tu te retrouves avec la tête posée dans une assiette, les amis auxquels on a envoyé la photo ont dit: "Miam, ça a l'air bon le repas."
Voilà une illusion appétissante! On s'amuse bien, c'est un vrai jeu. »

Musée de l'Illusion
98, rue Saint-Denis, Paris 1er
Métro Strasbourg - Saint-Denis
07 66 72 76 40 / museedelillusion.fr
Ouvert tous les jours de 10h à 20h
(jeu-ven-sam nocturnes jusqu'à 22h)
Adulte : 18 €, 5-15 ans : 12 €, -5 ans : gratuit,
famille (2 adultes+2 enfants) : 45 €

7. Le musée Picasso

Lise

« Picasso a peint des visages où les yeux, la bouche, le nez et les oreilles sont tout mélangés, comme sur le *Portrait de Dora Maar* (1937). Pour moi, il a voulu dire que le monde peut être mélangé, ça veut dire que tout le monde peut bien s'entendre, même si ce n'est pas le cas à cause des guerres. Il y a aussi des sculptures. Dans le musée, tu fais un grand voyage comme si tu étais dans un monde qui n'existe pas parce que Picasso transforme ce qu'il voit. Tu te demandes tout le temps : "Ça veut dire quoi, ça?" Du coup, tu te sens libre, moi ça m'a vraiment développé l'imaginaire. »

Musée Picasso
5, rue de Thorigny (3e)
Métro Saint-Paul
01 85 56 00 36
museepicassoparis.fr
Du mardi au vendredi 10h30-18h, 14 €

8. Le théâtre de l'Essaïon

Pauline

« Les salles se trouvent dans une cave. La scène et les sièges sont bien. J'y ai vu la pièce *La Princesse aux petits pois*. C'était du rock et de l'opéra ensemble ! Je connaissais ce conte mais pas de cette manière, je n'avais jamais vu ça de ma vie ! Ça ressemblait pas du tout à la vraie *Princesse aux petits pois*. Du coup, ça m'a ouvert une porte de connaissance. »

Théâtre de l'Essaïon
6, rue Pierre-au-Lard, Paris (4e)
Métro Hôtel de Ville
01 42 78 46 42
essaion-theatre.com

3. autour du

JARDIN DES PLANTES

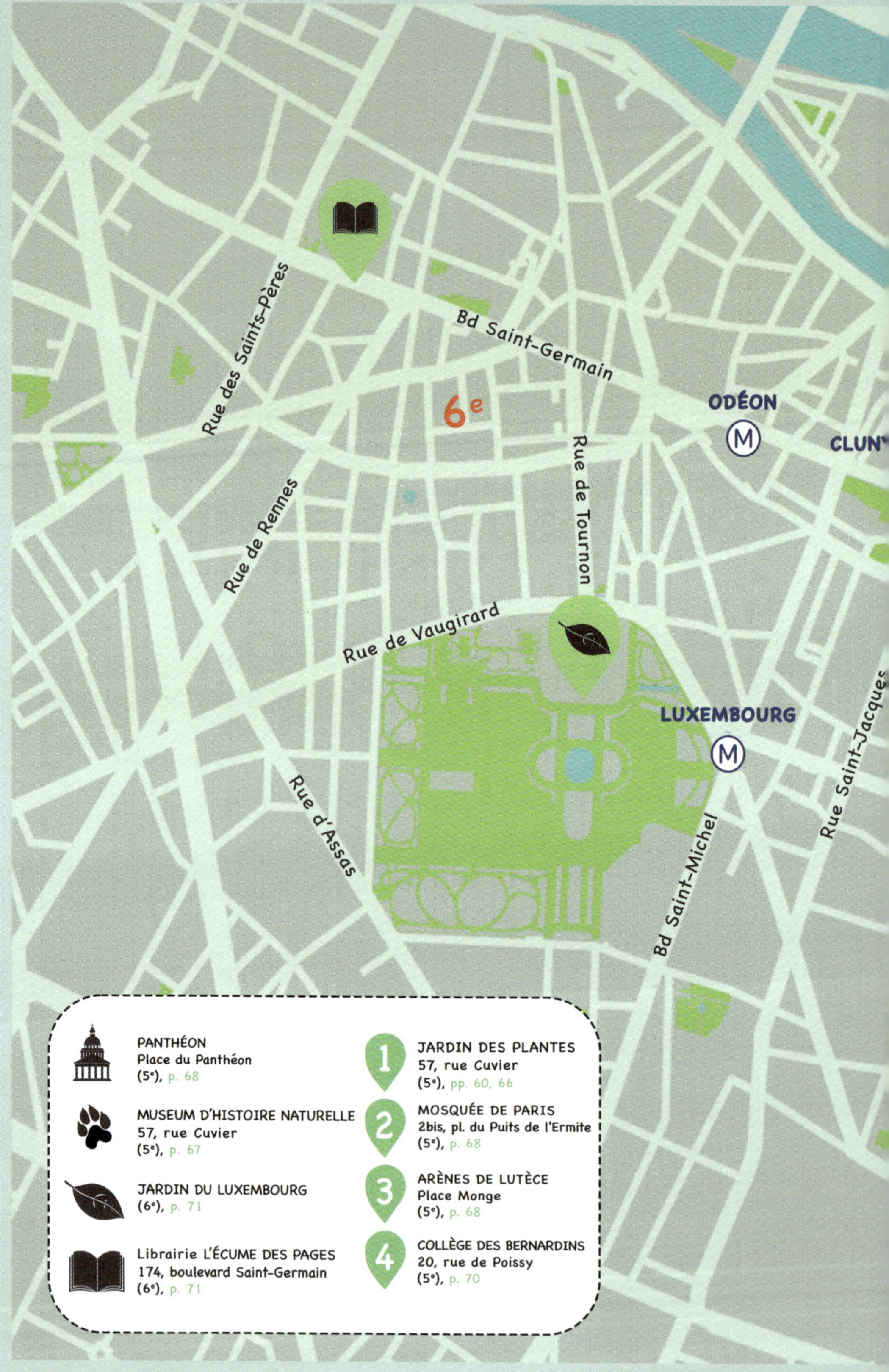
Rue des Saints-Pères
Bd Saint-Germain
6e
ODÉON
CLUN
Rue de Rennes
Rue de Tournon
Rue de Vaugirard
LUXEMBOURG
Rue Saint-Jacques
Rue d'Assas
Bd Saint-Michel
PANTHÉON
Place du Panthéon
(5e), p. 68
MUSEUM D'HISTOIRE NATURELLE
57, rue Cuvier
(5e), p. 67
JARDIN DU LUXEMBOURG
(6e), p. 71
Librairie L'ÉCUME DES PAGES
174, boulevard Saint-Germain
(6e), p. 71
1 JARDIN DES PLANTES
57, rue Cuvier
(5e), pp. 60, 66
2 MOSQUÉE DE PARIS
2bis, pl. du Puits de l'Ermite
(5e), p. 68
3 ARÈNES DE LUTÈCE
Place Monge
(5e), p. 68
4 COLLÈGE DES BERNARDINS
20, rue de Poissy
(5e), p. 70

NNE
5e
Saint-Germain
4
Rue des Écoles
CARDINAL LEMOINE
M
Rue Clovis
3
théon
Rue Monge
TUILERIES
M
Rue Cuvier
1
PLACE MONGE
M
2
Rue Geoffroy-Saint-Hilaire

Les Mômes Trotteurs

Augustin, 7 ans

« J'adore les Lego parce que c'est cool, on peut fabriquer des grues, des camions, des hélicoptères et tout ce qu'on veut. J'aime bien aussi faire du vélo dans des endroits où il y a plein de petits chemins parce qu'on va vite. »

Ève, 11 ans

« J'aime voir des films en famille, la lecture et l'écriture. J'aimerais devenir auteure de romans. Une de mes citations préférées est d'Honoré de Balzac: "Paris est un véritable océan, jetez-y une sonde, Vous n'en connaîtrez jamais la profondeur." »

Léo, 9 ans

« J'aime beaucoup la science et les Lego. Je suis passionné par plein de sujets, et quand ça m'intéresse, j'aime écrire des histoires et faire un journal. Je m'intéresse particulièrement à la paléontologie, au Big Bang et au corps humain. J'adore Stephen Hawking et Albert Einstein. »

Sonam, 11 ans

« J'adore le tennis. Je joue aussi pas mal au basket et je fais du judo. J'aime également beaucoup dormir. L'école n'est pas une grande passion, mais ça va. Je lis des mangas et des romans classiques. »

Charlotte, 12 ans

« J'aime bien visiter les musées comme le Louvre, et danser sur le rock! »

Rose, 9 ans

« Je fais de la danse classique, du théâtre et j'adore cuisiner des fruits au four et des cordons-bleus avec mon papa. Vivre à Paris me plaît beaucoup, surtout pendant la période de Noël car il y a plein de guirlandes. »

Suzanne, 13 ans

« Paris m'inspire la joie, c'est beau, c'est vaste, il y a du monde et on se dit que c'est la plus belle ville du monde! Grâce à ses monuments, son histoire et à tout ce qu'elle a fait. »

Mona, 11 ans

« J'adore lire et inventer de petits objets. Par exemple, je voudrais créer des chaussures volantes! Mon sport préféré, c'est le skate. Plus tard, j'aimerais devenir écrivaine. »

Barnabé, 9 ans

« J'aime dessiner et faire des BD sans paroles. Je lis beaucoup de mangas. J'aimerais devenir illustrateur et commerçant: je vendrai mes livres et la laine de mon ami qui veut devenir berger. »

Menu de la balade

Te voici sur la rive gauche de la Seine ! Tu peux aller gambader dans le Jardin des plantes, créé en 1635 sous Louis XIII. À l'intérieur, tu vois des milliers d'animaux naturalisés dans la Grande Galerie de l'Évolution. Comme dit Suzanne: « On peut voir des espèces de près sans avoir peur. » Tu peux en observer de vrais à la Ménagerie, et selon Augustin: « Les singes sont trop rigolos et mignons car ils s'occupent de leurs bébés. » Quant à Ève, elle y a découvert qu'un oisillon pèse neuf grammes !

Sur la montagne Sainte-Geneviève, tu profites d'une vue panoramique à 360 degrés sur Paris en grimpant tout en haut de son célèbre mausolée: le Panthéon. Ce monument se trouve au cœur du Quartier latin. On l'appelle ainsi car, au Moyen Âge, le latin était la seule langue utilisée pour l'enseignement dans les écoles et universités de ce vieux quartier étudiant.

Au fait, as-tu déjà vu un amphithéâtre gallo-romain transformé en square ? À deux pas, les arènes de Lutèce, âgées de près de deux mille ans, t'ouvrent leurs portes.

Alors, prêt à voyager dans l'Histoire ?

Gazette du Môme Trotteur parisien

LA GRANDE INTERVIEW

Augustin, Ève, Léo et Mona ont suivi Élodie Rey à la Ménagerie du Jardin des plantes. Son métier ? Éthologue. Cela consiste à étudier les comportements des animaux.

Les Mômes Trotteurs : *Quelle est la différence entre une ménagerie et un zoo ?*
Élodie Rey : La « ménagerie » était un terme utilisé autrefois pour désigner un zoo. Et nous, on l'a gardé. Nous sommes d'ailleurs dans le plus vieux zoo du monde ! Il a ouvert en 1794 et on a fait venir les premiers animaux (lion, ours...) de la ménagerie royale du château de Versailles.

Les Mômes Trotteurs : *En quoi consiste exactement votre métier d'éthologue ?*
Élodie Rey : Je m'intéresse aux comportements des bêtes, notamment quand il y a des petits problèmes entre eux. Par exemple, j'observe de près comment ça se passe entre les reptiles. Quand un animal est tout seul, je vais lui trouver une copine ou un copain. Donc, je travaille beaucoup avec les autres zoos pour faire venir d'autres animaux ici. Je m'occupe de leur transfert et je fais aussi partir nos pensionnaires dans d'autres parcs. Avant de les transporter, je leur apprends à se balader en cage.

Les Mômes Trotteurs : *Peut-on agrandir les enclos ?*
Élodie Rey : Non, c'est compliqué. Mais certaines espèces craignent le froid et ont des loges intérieures qui sont chauffées. On a fait aussi de gros travaux pour accueillir notre tapir prénommé Tengah et permettre à une femelle d'un zoo extérieur de venir le rejoindre. L'objectif ? Qu'ils participent à la survie de leur espèce. Chez nous, on privilégie les espèces menacées de petites ou moyennes tailles.

Les Mômes Trotteurs : *D'où est originaire Tengah ?*
Élodie Rey : C'est un tapir malais, la plus grosse des cinq espèces de tapir, la seule asiatique. Mais il est né au zoo de Beauval dans le Loir-et-Cher. Tengah aime les fruits, les feuilles et la musique. Il en resterait moins de deux mille à l'état sauvage et environ deux cents dans les parcs zoologiques du monde entier, ce qui en fait une espèce extrêmement rare. Comme le grand panda, sa robe noire et blanche lui permet de se camoufler dans la forêt tropicale.

Les Mômes Trotteurs : *Quand un animal en rejoint un autre, comment se passe leur relation ?*
Élodie Rey : Ça dépend des espèces. Certaines sont sociables, avec d'autres il faut aller très doucement. D'abord, ils vont se voir juste par un grillage et ensuite on l'ouvre et on voit comment ça se passe, sinon il peut y avoir des petites bagarres entre eux. Par exemple, les casoars peuvent se rejoindre seulement à la période de reproduction. Ce sont les plus gros oiseaux après les autruches.

Les Mômes Trotteurs : *Comment on différencie les casoars ?*
Élodie Rey : La femelle est plus grosse que le mâle. C'est d'ailleurs lui qui va couver les œufs de couleur verte et s'occuper des petits. Ils peuvent vivre quarante ans. Ils ne sont pas en voie d'extinction, mais il faut les protéger car leur nombre décroît. Ils mangent des petites souris, des rats et des fruits.

LE JARDIN DES PLANTES DÉCHIFFRÉ

Fondé en 1626, il s'appelait à l'origine le « Jardin du Roi ». On y cultivait des herbes médicinales pour soigner le souverain. À la Révolution française, ce lieu est rebaptisé « Jardin des plantes » pour faire oublier le lien avec la royauté.
En plus de la ménagerie, il abrite un grand parc et un Muséum d'histoire naturelle. Il s'étend sur 23,5 hectares : c'est le deuxième plus grand jardin de Paris après le jardin des Tuileries (28 hectares). On y dénombre environ 700 variétés de plantes disséminées sur des carreaux de culture qui composent une perspective de 480 mètres de long, selon les principes du « jardin à la française ».

Les Mômes Trotteurs: ***Comment s'appelle la panthère de Chine?***

Élodie Rey: Tao. Ce mâle supporte des températures allant jusqu'à -30 °C. C'est un prédateur qui se nourrit de chèvres sauvages, de rongeurs... On lui donne des petits rats et du poulet.

Les Mômes Trotteurs: ***Quelle espèce a le plus grand enclos?***

Élodie Rey: Le gaur. C'est une sorte de grosse vache sauvage. On a décidé de retirer les trois clôtures d'origine pour lui laisser un maximum d'espace.

Les Mômes Trotteurs: ***On voit des souris dans la cage des aigles...***

Élodie Rey: C'est un aigle percnoptère qui aura bientôt trente ans. Cette femelle se nourrit effectivement de souris.

Les Mômes Trotteurs: ***Comment les récupérez-vous?***

Élodie Rey: On a un fournisseur de rats et de souris congelés! On

les décongèle pour les donner aux animaux.

Les Mômes Trotteurs: ***Quels types de soins donnez-vous?***
Élodie Rey: Des soins vétérinaires et des soins bien-être. Déjà, il faut que l'enclos soit adapté à l'espèce avec des branches par exemple et des endroits où chaque animal peut se cacher et grimper s'il veut.

Les Mômes Trotteurs: ***Faites-vous faire des exercices aux animaux pour leur bien-être?***
Élodie Rey: Oui, en suspendant de la nourriture à une chaîne, ça fait bouger l'animal qui essaye de l'attraper. On peut aussi faire de l'entraînement médical, le faire monter sur une plateforme, regarder s'il va bien, le mettre sur ses pattes pour voir s'il n'a pas de problèmes de coussinets.

Les Mômes Trotteurs: ***Nénette, l'orang-outang, est le plus âgé ici?***
Élodie Rey: Non, c'est la tortue géante des Seychelles, qui a 103 ans. C'est la doyenne, et elle s'appelle Périclès.

Les Mômes Trotteurs: ***Peut-on connaître leur âge grâce aux motifs sur leurs carapaces?***
Élodie Rey: Non. En fait, on a des registres avec tout leur historique.

Les Mômes Trotteurs: En tout cas les tamarins-lions dorés ont un cri très aigu!
Élodie Rey: Ce sont des petits singes d'Amérique du Sud. Ils vivent en famille. Ici, on a un couple et leurs enfants. Leur temps de gestation est de quatre mois et en général il y a des jumeaux qui naissent à chaque fois. C'est le père qui va s'en occuper une semaine après leur naissance en les portant sur son dos, jusqu'à ce qu'ils soient assez grands pour se déplacer seuls.

Dans la nurserie

Les Mômes Trotteurs: ***C'est quoi exactement, une nurserie?***
Élodie Rey: C'est l'endroit où on élève les jeunes oiseaux à la main.

Les Mômes Trotteurs: ***Et qui s'en occupe?***
Élodie Rey: Les soigneurs. Ils leur donnent à manger, nettoient leur enclos. Les docteurs des animaux, les vétérinaires, sont davantage là pour les soins des bêtes, en cas de blessure par exemple.

Les Mômes Trotteurs: ***On voit des œufs. Ce sont des vrais ou des reproductions?***
Élodie Rey: Ce sont de vrais œufs qu'on a mis dans un incubateur

pour qu'ils se développent à la chaleur. On surveille leur poids pour vérifier qu'ils se développent bien jusqu'à ce qu'ils éclosent. Ensuite, on les met dans des petits bacs, à l'abri des prédateurs, puis on les nourrit.

Les Mômes Trotteurs: *Des animaux se sont-ils déjà échappés du zoo ?*
Élodie Rey: C'est très rare. Car en général, ils sont nés en captivité, donc ils n'ont pas le réflexe de partir. Il arrive que certains sortent de leur enclos mais souvent, la première chose qu'ils ont envie de faire, c'est d'y retourner !

Les Mômes Trotteurs: *Achetez-vous vos animaux ?*
Élodie Rey: Non, on fait des échanges entre les zoos pour essayer de garder la diversité génétique des animaux. On ne va pas non plus les chercher dans la nature puisqu'on essaie justement de préserver les espèces menacées.

Les Mômes Trotteurs: *Est-ce qu'il existe un cimetière des animaux ?*
Élodie Rey: Non, mais on travaille avec les taxidermistes qui peuvent récupérer nos animaux morts pour les naturaliser et les exposer à la galerie d'exposition.

Les Mômes Trotteurs: *Mais eux n'ont pas forcément envie d'être montrés dans un musée !*
Élodie Rey: C'est sûr, après, le but est d'expliquer la biologie des espèces animales.

Dans le vivarium (amphibiens, reptiles, invertébrés)

Les Mômes Trotteurs: *Est-ce que le monstre de Gila est urticant ?*
Élodie Rey: Ce reptile venimeux est dangereux. Même s'il est calme, il faut faire attention. Il explore son environnement avec sa langue de 60 cm. Pas loin, la vipère du Gabon évolue dans deux terrariums parce qu'elle est grande. Elle a une corne sur la tête et mange des rats.

Les Mômes Trotteurs: *Qui peut l'attaquer ?*
Élodie Rey: des félins et des mangoustes. Les serpents n'ont pas besoin de manger tous les jours, mais au minimum toutes les deux semaines.

Jardin des plantes
57, rue Cuvier (5e)
Métro Gare d'Austerlitz, Jussieu
zoodujardindesplantes.fr

Le Paris de Georges-Louis Leclerc de Buffon

Né en Bourgogne en 1707 et mort dans la capitale en 1788, il est considéré au XVIIIe siècle comme l'un des plus grands **naturalistes** de France.

Son but ? Rendre la science accessible au plus grand nombre. Un lycée parisien et une rue proche du **Jardin des plantes** portent son nom.

Comme le souligne Ève : « Buffon a écrit la première encyclopédie sur les animaux et les plantes de la planète. C'est grâce à lui que les Parisiens ont pu avoir accès aux sciences et visiter leur premier zoo. » Car, sous Louis XV, Buffon est **intendant du Jardin du Roi** (premier nom donné au Jardin des plantes). C'est lui qui a transformé le lieu en y faisant venir des plantes des quatre coins du monde. Sa statue trône dans la grande allée principale.

Activités à faire dans le quartier

*

1. Flâne au Jardin des plantes

D'abord appelé « Jardin royal des plantes médicinales » ou « Jardin du Roi », il est créé par le botaniste Guy de La Brosse, médecin de Louis XIII.

Augustin

« Je grimpe toujours sur les trois sculptures d'hippopotames du parc. Il y en a même un qui ouvre la bouche. J'adore aussi monter sur le vieux manège, courir, faire de la trottinette et du vélo dans les grandes allées du jardin. Je regarde en même temps les fleurs, il y a en a presque de toutes les couleurs ! C'est vraiment magnifique. On peut aussi s'asseoir sur des bancs et pique-niquer dans l'herbe toute verte en buvant une grenadine qu'on achète dans les stands. Je trouve que c'est le meilleur parc du monde pour regarder les choses. »

LE SAIS-TU ?

En 1870-1871, les Prussiens assiègent Paris pendant quatre mois. Leur stratégie pour vaincre les habitants ? Les affamer en empêchant la nourriture d'entrer dans la capitale ! Voilà pourquoi les Parisiens ont mangé rats, chevaux, chiens et toutes sortes d'animaux récupérés dans les zoos pour survivre.

2. Déambule dans la Grande Galerie de l'Évolution (Muséum d'histoire naturelle)

C'est l'un des plus anciens centres de recherche scientifique au monde.

Barnabé et Suzanne

« Les salles sont très longues et très hautes. Côté paléontologie, on découvre le crocodile et son œuf géant, il fait bien trois mètres. Dans d'autres espaces, on croise des animaux empaillés et des squelettes de dinosaures dont un diplodocus et un allosaure. On a été impressionnés par les grandes canines d'un tigre et par une jambe de mammouth avec encore les poils dessus. C'est étonnant d'observer des animaux disparus qu'on ne voit que dans les livres. »

3. Voyage en Orient au café de la Mosquée de Paris

Après avoir traversé un superbe patio, tu peux prendre place sur une terrasse de ce monument proche du Jardin des plantes pour déguster un thé à la menthe fraîche et savourer des pâtisseries orientales: loukoums, baklavas, cornes de gazelles... tout en écoutant de la musique traditionnelle. De quoi s'imaginer sur les côtes du Maroc!

Mosquée de Paris
39, rue Geoffroy-Saint-Hilaire (5e)
Métro Place Monge
mosqueedeparis.net

LE SAIS-TU ?

Le jardin des arènes de Lutèce

Si tu parcours la grande rue Monge, tu seras forcément surpris en découvrant les vestiges de ces arènes gallo-romaines, datant du Ier siècle, entourées d'immeubles ! Sous l'Antiquité, on pouvait assister à des combats de gladiateurs dans cet amphithéâtre. Aujourd'hui, c'est un parc doté d'une aire de jeux.

49, rue Monge (5e)
Métro Place Monge

4. Visite le Panthéon

Ce monument se trouve sur une colline de Paris. À l'origine, il s'agit d'une église portant le nom de Sainte-Geneviève, la sainte patronne de la capitale. À l'intérieur sont disposées les tombes des « grands hommes » qui ont servi la France mais aussi celles de « grandes femmes », dont la scientifique Marie Curie.

Sonam

« En haut d'une grande étagère, il y a un vase contenant des organes. J'ai vu les cercueils de gens importants. C'est une sorte de tombeau pour des gens célèbres. Au niveau de l'architecture, c'est une sorte de cône, qui me fait penser aux palais des maharajahs, rois du Rajasthan en Inde. L'entrée fait plutôt Moyen Âge. C'est un lieu élégant pour rendre hommage à la mémoire des gens qui sont morts pour notre république. Il ne faut pas avoir la frousse de voir des cercueils. C'est un bon endroit culturel pour célébrer la mémoire de ceux qui ont aidé notre république. »

LE SAIS-TU ?

Le pendule de Foucault

Il se trouve dans le Panthéon. Le scientifique Foucault a inventé cet objet afin de prouver que la Terre tourne sur elle-même. Le pendule est composé d'une boule de métal de 47 kg suspendue à un long fil.

LE SAIS-TU ?

Depuis le 30 novembre 2021, la station de métro Gaîté s'appelle « Gaîté-Joséphine Baker ». Le but ? Rendre hommage à cette artiste franco-américaine qui est entrée le même jour au Panthéon. Aujourd'hui, sur les 300 tombes disponibles dans la crypte, seules 78 sont occupées. L'écrivain Voltaire, l'explorateur Louis-Antoine de Bougainville ou encore l'inventeur de l'alphabet pour les aveugles, Louis Braille, y reposent.

5. Activités créatives au Collège des Bernardins

Sous ses voûtes cisterciennes, ce lieu inspirant organise tout au long de l'année des activités art et culture à vivre en famille.

Charlotte

« J'ai fait un atelier gravure. Ça se passe dans un sous-sol du Collège des Bernardins, sous le musée. C'est un graveur qui nous explique comment ça marche. Sur une plaque en verre, on dessine avec une pointe en métal. On ajoute ensuite de l'encre dessus et sur les bords. La dernière étape, c'est d'imprimer le dessin sur un papier avec une sorte de gros rouleau, ça presse le dessin et il s'imprime sur la feuille. Ensuite, on laisse sécher. J'ai réalisé des fleurs de lys, des sortes de rosace. Je suis repartie avec ma gravure. J'ai bien aimé l'expérience ! »

Collège des Bernardins
20 rue de Poissy (5e)
Métro Maubert-Mutualité
01 53 10 74 44
collegedesbernardins.fr
À partir de 7 ans

6. Navigue au jardin du Luxembourg

La chaise de modèle dit « Luxembourg » a été inventée en 1911 pour ce jardin. Elle a ensuite été refaite pour d'autres jardins. Aujourd'hui, cette chaise voyage partout dans le monde. Elle incarne l'image de la chaise parisienne !

Augustin
« J'aime bien aller là-bas parce qu'on peut louer des petits bateaux en bois. Sur leur voile, il y a le drapeau d'un pays (France, Espagne, États-Unis, Russie, Ukraine...). Ensuite, on les pose et on les pousse sur l'eau d'une immense fontaine avec un bâton. Et après, on suit son bateau. Il navigue partout et parfois il percute d'autres bateaux, c'est ça qui est rigolo ! Au début, on a peur que les voiliers se renversent et après on leur court après, c'est très amusant ! »

7. Explore la librairie L'Écume des Pages

Rose
« Le toit de la devanture est vert et à l'intérieur tout est en bois, c'est joli et plutôt grand. J'y trouve des livres pour moi et pour ma maman. J'aime bien m'y acheter des BD comme *Anatole Latuile*, *Ariol* et *Astérix*. Il y a aussi de très vieux livres un peu gros qui me font penser à des grimoires, comme la Bible, en plus épais. L'hiver, quand on sort de la librairie, j'aime bien passer devant les stands de Noël sur le boulevard Saint-Germain. »

Librairie L'Écume des Pages
174, boulevard Saint-Germain (6e)
Métro Saint-Germain-des-Prés
01 45 48 54 48
ecumedespages.com

4. autour de

LA TOUR EIFFEL

Vers
Av. Raymond-Poincaré
Av. d'Eylau
LÉNA
M
4
5
3
Av. du Président-Wilson
16e
Voie Georges-Pompidou
Quai Jacques-Chirac
PASSY
M
Av. de la Bourdonnais
Av. Bosquet
Av. de Suffren
Bd de Grenelle
Vers

TOUR EIFFEL
Champs-de-Mars
(7e), p. 80
PONT DE L'ALMA
(8e), p. 88
Départ croisère bateau mouche
Port de la Conférence
(8e), p. 88
JARDIN D'ACCLIMATATION
Bois de Boulogne
(16e), p. 92
JARDIN DES SERRES D'AUTEUIL
3, avenue de la Porte d'Auteuil
(16e), p. 93
1 MUSÉE D'ORSAY
Espl. Valéry-Giscard-d'Estaing
(7e), p. 89
2 MUSÉE RODIN
77, rue de Varenne
(7e), p. 90
3 CITÉ DE L'ARCHITECTURE
ET DU PATRIMOINE
1, pl. du Trocadéro
(16e), p. 91
4 PALAIS GALLIERA
10, av. Pierre 1er de Serbie
(16e), p. 91
5 PALAIS DE TOKYO
13, av. du Président-Wilson
(16e), p. 89
8e
Cours Albert-1er
Quai d'Orsay
ASSEMBLÉE NATIONALE
Bd Saint-Germain
Bd de la Tour-Maubourg
Rue de Constantine
VARENNE
Rue de Varenne
Bd des Invalides
TAIRE
7e

Les Mômes Trotteurs

Élise, 11 ans

« J'adore le sport. Je fais du foot et de la danse en classe grâce à des horaires aménagés. J'ai un matou qui s'appelle Figaro et qui ressemble beaucoup au chat de Gepetto dans *Pinocchio*. Plus tard, je voudrais travailler dans le sport. »

Terry, 11 ans

« J'ai grandi dans le quartier de Pigalle et je vis maintenant à Fontenay-aux-Roses près de Paris. J'aime faire les activités créatives comme la peinture, le montage vidéo et la musique. J'aime les grands paysages et voir des expos et des concerts. Je suis toujours curieuse de découvrir de nouvelles choses. »

Lise, 10 ans

« Je fais de la gym, de la natation, du piano et du cirque. J'ai deux chats, Chantilly et Nestor (Nénesse). J'adore visiter les musées avec ma maman ! En plus du Louvre, j'ai visité le musée Rodin, le musée Picasso et je suis allée dans la maison de Monet à Giverny. »

Ève, 11 ans

« J'aime voir des films en famille, la lecture et l'écriture. J'aimerais devenir auteure de romans. Une de mes citations préférées est d'Honoré de Balzac: "Paris est un véritable océan, jetez-y une sonde, vous n'en connaîtrez jamais la profondeur." »

Pauline, 8 ans

« J'habite en Suisse, à Moudon (près de Lausanne). J'ai adoré monter au sommet de la tour Eiffel et découvrir la vue magnifique sur Paris. J'ai aussi aimé naviguer sur la Seine et prendre des photos des monuments très connus. »

Tsiaro, 11 ans

« J'habite près de Paris, c'est une ville pas très calme où il y a beaucoup de restaurants. Moi, j'aime bien me promener du côté de la tour Eiffel. »

Léa, 11 ans

« Ça me plaît de créer des maquettes, de construire des Lego et des cabanes dans les arbres. J'aime aussi voyager, je suis allée en Italie, en Autriche, au Portugal, en Slovénie. J'adore faire la cuisine et j'ai commencé à écrire un livre. »

Sacha, 13 ans

« J'adore vivre à Paris parce qu'ici, on ne s'ennuie jamais ! Il y a toujours quelque chose à faire : des expositions, des spectacles, flâner dans la ville, de bons restos… Ce que je préfère ? Faire du skate avec mes amis. »

Charlotte, 12 ans

« J'aime bien visiter les musées comme le Louvre, et danser sur le rock ! »

Menu de la balade

« Sans la tour Eiffel, il manquerait un truc magique à Paris ! », estime Terry. Chaque année, environ sept millions de visiteurs venus du monde entier découvrent cet édifice construit en 1889 pour célébrer les cent ans de la Révolution française. Selon Léa, « y monter est toujours un grand moment », d'ailleurs de nombreuses demandes en mariage y sont faites ! « Et souvent dans les films, note Léonard, les amoureux s'embrassent au coucher du soleil avec la tour Eiffel devant eux. » « Quand elle s'illumine le soir et qu'on voit ses reflets dans la Seine, c'est super beau ! », ajoute Sacha.

Tout près, pourquoi ne pas voguer comme Pauline sur la Seine en bateau-mouche ? Ou te faufiler entre les peintures impressionnistes du musée d'Orsay, et les sculptures du musée Rodin ? « C'est comme un film que tu vis vraiment avec des personnages qui s'animent. *Le Penseur*, un homme de pierre très aimable, accueille les visiteurs », explique Lise.

De quoi faire le plein de culture !

Gazette du Môme Trotteur parisien

LA GRANDE INTERVIEW

Élise et Léa se sont hissées jusqu'au troisième étage de la tour Eiffel en compagnie d'Alain Fernandez. Il y travaille en tant qu'agent d'accueil depuis 1989, année du centenaire du monument qui a été repeint à l'occasion de la tenue des Jeux olympiques 2024 à Paris. En 2022, la tour Eiffel a grandi de six mètres pour atteindre trois cent trente mètres de haut. La raison ? Une nouvelle antenne radio a été installée à son sommet. À cette occasion, retour sur l'histoire de la Dame de fer qui a été bâtie en deux ans, deux mois et cinq jours.

Les Mômes Trotteuses : *C'est vrai que les ascenseurs de la tour Eiffel marchent grâce à l'eau ?*

Alain Fernandez : Oui ! Ce sont des ascenseurs hydrauliques. Les gros cylindres de tente tonnes chacun se remplissent d'eau. Avec le poids généré, ils poussent sur un chariot qui entraîne les câbles et fait monter ou descendre l'ascenseur. Cette mécanique ancienne fonctionne encore très bien. Autrefois, un pilote placé sous la cabine de l'ascenseur faisait marcher l'ensemble à l'aide d'un volant. Ce n'était pas dangereux, le seul souci était qu'il avait très froid à cause du vent et de la neige, qu'il prenait de plein fouet.

Au deuxième étage,
à 115 mètres de hauteur

Alain Fernandez : Vous avez vu l'ombre de la tour Eiffel sur le pont ? Cela va jusqu'au Trocadéro. On voit ça quand il y a du soleil. Au loin, on distingue encore un autre beau symbole de Paris : l'Arc de Triomphe.

Les Mômes Trotteuses : *La tour est super belle, et quand elle s'illumine la nuit avec toutes ses couleurs, on a l'impression qu'elle change de tenue…*

Alain Fernandez : C'est vrai, c'est une tour d'une grande beauté, elle est unique. Et on ne peut pas parler de la tour sans évoquer son constructeur, monsieur Eiffel.

Les Mômes Trotteuses : ***Il a dû y avoir de nombreuses personnes qui ont travaillé pour la construire. On imagine que, pour l'époque, c'est un énorme exploit !***

Alain Fernandez : Oui ! Cent trente années après sa création, cela reste un projet de construction formidable. Au départ, c'est un pari très improbable car tout ce qu'il y a alors autour, c'est de la pierre ! Gustave Eiffel, lui, construit des ponts en fer, c'est sa spécialité. Les arcs qui se trouvent sous la tour font d'ailleurs penser à ceux d'un pont. Sur ces ponts, il a élevé une tour de trois cents mètres.

Les Mômes Trotteuses : ***Comment a-t-il dessiné ses plans ?***

Alain Fernandez : À la main, avec des feuilles et un crayon car au XIXe siècle il n'y a pas d'ordinateur. À sa création, les gens ne trouvent pas la tour si belle que ça parce qu'ils sont habitués à la pierre. Certains disent même qu'elle dégrade le paysage. Mais, après tout, on dit souvent ça des

nouveaux édifices qui sortent un peu des normes... À l'image du centre Georges-Pompidou avec ses gros tuyaux qui entraîna beaucoup de polémiques aussi. Mais les goûts et les modes changent. D'ailleurs, la tour Eiffel, on l'a vite trouvée magnifique !

Les Mômes Trotteuses : *Elle aurait même dû être démontée, non ?*
Alain Fernandez : Exact ! Sauf que Gustave Eiffel lui a trouvé une utilité militaire, un moyen très ingénieux pour qu'on la garde.

Les Mômes Trotteuses : *Pour voir les troupes ennemies depuis la tour Eiffel en cas de guerre ?*
Alain Fernandez : Ça aurait pu être ça. À son époque, comment communique-t-on quand on fait la guerre ? On envoie des pigeons voyageurs ! Il y a d'autres modes de communication, mais en tout cas pas encore le téléphone. Donc, Gustave Eiffel, aidé du général Ferrié, installe au troisième étage de la tour un outil pour communiquer à distance : le télégraphe sans fil. Il réussit à envoyer des signaux vers le Panthéon en 1898. Cet émetteur radio utilisé par l'armée a sauvé la tour. Et c'est une formidable publicité pour Paris, donc c'est absurde de la démonter.

Au troisième étage, à 276 mètres de hauteur

Les Mômes Trotteuses : *On est au-dessus des nuages, comme en avion.*
Alain Fernandez : La tour Eiffel est le point phare de l'Exposition universelle de 1889. À l'époque, toutes les heures, on tire le canon pour donner les heures du jour. Dans tout Paris, on sait l'heure qu'il est, d'une autre façon que par les cloches des églises ou par sa montre. Et on a quelque chose pour se faire voir de très très loin. À votre avis, c'est quoi ?

Les Mômes Trotteuses : *Des satellites ?*
Alain Fernandez : Oui, mais ça, c'est pour ton téléphone portable ! Il s'agit des phares. Il y a en a deux, un sur chaque face de la tour. Ils se passent le relais, ça fait l'effet d'un phare qui tourne. On les voit la nuit jusqu'à trente-cinq kilomètres ! Je suis parfois chargé de les allumer en appuyant sur un bouton depuis un poste de contrôle. On compte environ vingt mille spots de lumière.

Les Mômes Trotteuses : *Quelle est la couleur officielle de la tour ?*
Alain Fernandez : Jaune brun. C'est celle voulue par Gustave

Eiffel en 1907 quand il a su que la tour allait devenir pérenne. Il y a trois nuances, du foncé au plus clair, pour préserver son aspect élancé dans le ciel parisien. Elle est repeinte en moyenne tous les sept ans.

Les Mômes Trotteuses: *C'est dangereux de repeindre la tour Eiffel quand tu es accroché dessus?*
Alain Fernandez: Les peintres sont très sécurisés, ils peignent comme autrefois avec un pinceau en montant sur la structure. Dans le passé, j'en ai vu certains se promener sur les poutres tranquillement en mangeant leur sandwich. Pour le coup, c'est très impressionnant. Mais ils ont l'habitude, et il n'y a jamais eu d'accident.

Face à la reconstitution du bureau de Gustave Eiffel

Les Mômes Trotteuses: *On voit monsieur Eiffel et Thomas Edison en mannequins de cire comme au musée Grévin. On dirait qu'ils sont vivants!*
Alain Fernandez: Gustave Eiffel a aussi son appartement au quatrième étage. Il n'y vit pas mais il reçoit les personnalités de son époque comme l'ingénieur Thomas Edison qui invente le phonographe, avec un cylindre tournant sur lequel est enregistrée la voix humaine. Aujourd'hui, tu t'enregistres sur ton téléphone, c'est facile, mais, à l'époque, ça n'existait pas.

Les Mômes Trotteuses: *Finalement, Gustave Eiffel est très en avance sur son époque?*
Alain Fernandez: Oui, surtout concernant les méthodes de construction. Quand il construit la tour Eiffel, l'une de ses premières préoccupations est que les bâtisseurs soient en sécurité. Il fait le pari qu'aucune personne

LA TOUR DÉCHIFFRÉE

Cette structure de 10 000 tonnes possède 18 000 pièces métalliques et 1665 marches. Tous les 7 ans, la tour se refait une « couche de beauté » à l'aide de 60 tonnes de peinture « brun Eiffel ». De la tombée de la nuit à une heure du matin, le monument scintille pendant 5 minutes au début de chaque heure, grâce à ses 20 000 ampoules.

ne se blesse ou ne se tue en la construisant. Et il réussit. Une vraie prouesse à cette époque. Il y a beaucoup d'ouvriers pour édifier ce Meccano géant. Une fois achevé, il a fait une grande fête avec eux.

Les Mômes Trotteuses : ***Il a fallu combien de temps pour la construire ? Dix ans ?***
Alain Fernandez : Deux ans ! C'est très peu pour l'époque. Tous les jours de la semaine, le chantier s'ouvre au petit matin et se ferme à la tombée de la nuit parce qu'il faut qu'elle soit prête pour l'Exposition universelle de 1889. Et malgré les intempéries et le froid, les ouvriers continuent à travailler très dur.

Les Mômes Trotteuses : ***Est-ce qu'ils ont utilisé des échafaudages ensuite ?***
Alain Fernandez : Oui, et il y a surtout différents types d'ouvriers. Un peu partout, tu peux voir des rivets, des gros clous, qui fixent et soudent les fers entre eux. Et ces ouvriers qualifiés s'appellent les « riveteurs ».

Les Mômes Trotteuses : ***Ils ont des tournevis ?***
Alain Fernandez : Ah, presque ! Ils tapent plutôt. Ils montent au fur et à mesure dans la tour en construction et ils installent leur poste de chauffe (car ils chauffent les rivets avec une grosse tenaille), ils les mettent dans des trous qui sont préfabriqués et prépercés, et bam ! Un ouvrier tape sur chaque rivet avec une grosse masse pour lui donner sa forme et sa consolidation naturelle. Et clac, ça soude !

Les Mômes Trotteuses : ***Faire ça toute la journée, ça ne doit pas être facile…***
Alain Fernandez : C'est la même technique qu'utilise Gustave Eiffel pour construire ses ponts. Les ascenseurs sont installés dix ans plus tard. Au départ, on y monte uniquement à pied. Même les dames, avec leurs talons et leurs jupes imposantes. Elles font très attention ! En prenant son temps, c'est une merveilleuse promenade.

Les Mômes Trotteuses : ***Comment les quatre piliers de la tour ont-ils été installés ?***
Alain Fernandez : Il a fallu ancrer ces piliers en faisant ce qu'on appelle des « fondations », c'est-à-dire en creusant dans le sol. Problème, l'eau de la Seine est remontée. Alors Gustave Eiffel, qui est décidément très fort, a

utilisé des caissons d'étanchéité. Ce sont des carrés étanches creusés à environ dix mètres sous terre pour empêcher l'eau d'arriver sur les fondations.

Les Mômes Trotteuses : ***Mais, en cas d'erreur, il aurait fallu tout démonter !***

Alain Fernandez : Oui, c'est pour ça qu'on aurait pu mettre une cape de superhéros à Gustave Eiffel, parce qu'il fait peu d'erreurs. Il sait surtout bien s'entourer et travailler en équipe avec beaucoup de mathématiciens qui font des calculs exacts au millimètre près pour que tout soit parfait. La grande force de la tour est d'être élastique. Quand le vent souffle, sa pointe bouge un peu. On appelle cela une « oscillation », et c'est cette flexibilité qui fait sa solidité. Le métal se dilate de quelques centimètres quand il fait chaud, donc la tour s'agrandit. Ce sont des mouvements naturels. C'est pour cela que, quand il y a beaucoup de vent, on a l'impression d'être sur un bateau !

Tour Eiffel
5, rue Anatole-France,
Champ-de-Mars (7e)
tour-eiffel.fr

LA VERTICALE DE LA TOUR EIFFEL

Cette course contre la montre a lieu chaque année au mois de mars. Des coureurs du monde entier viennent s'affronter dans les escaliers. Le record est détenu par un polonais qui grimpe en moins de sept minutes du parvis jusqu'au quatrième étage. Un top départ est donné, et chaque coureur part à intervalle régulier. Ils doivent arriver le plus vite possible en haut. Certains grimpent les marches deux par deux.

Le Paris de Gustave Eiffel

Située sur le Champ-de-Mars, l'avenue Gustave-Eiffel passe au pied de la tour Eiffel, qui aurait bien pu s'appeler... la tour Bonickhausen ! Car c'est le nom de naissance de Gustave Eiffel, dont la famille est d'origine allemande. À cause de la guerre franco-allemande, il a préféré s'appeler Eiffel dès 1870.

Né le 15 décembre 1832 à Dijon, Gustave meurt le 27 décembre 1923 à Paris, ville où il avait obtenu son diplôme d'ingénieur en suivant les cours de l'École centrale des arts et manufactures. À l'heure de la révolution industrielle, il conçoit – en plus de sa célèbre tour – d'autres structures en métal très modernes dans la capitale, dont la passerelle suspendue en fer du parc des Buttes-Chaumont. La structure métallique du grand magasin Le Printemps Haussmann (1872), les colonnes du Paradis Latin (le plus ancien cabaret de Paris, 1889), ou encore les rampes d'escaliers et les baies vitrées du musée de la Mode (appelé aussi Palais Galliera, 1894) ont également été confectionnés dans les ateliers de la Compagnie des établissements Eiffel.

Terry

« De loin, tu crois que c'est un monument simple et quand tu t'approches, tu vois toute la structure en fer qui monte, comme si elle n'allait jamais finir. Quand tu arrives à un étage, tu n'as pas de balcon mais tu vois les plantes aux fenêtres, les toits, t'as l'impression de dominer Paris. C'est hyper beau.
Les détails des personnages dans le bureau de Gustave Eiffel au troisième étage sont vraiment précis. On dirait que Gustave Eiffel parle avec Thomas Edison, tu as l'impression d'entrer dans la scène et donc dans l'Histoire. Gustave Eiffel a ses chaussures bien cirées et ses lunettes sur le bout du nez. Il est très classe. Je pense qu'il a dû se dire : "Je vais créer une tour vraiment impressionnante, je vais faire un truc ouf !"
J'adore son phare, c'est comme une lampe de poche qu'on fait tourner. C'est évidemment génial ce qu'il a créé. C'est la plus belle tour du monde ! »

LE SAIS-TU ?

En 1881, Gustave Eiffel crée l'ossature en fer de la Statue de la Liberté réalisée par le sculpteur français Auguste Bartholdi. Haute de 46 mètres, elle trône depuis 1886 à l'entrée du port de New York. Et tu peux découvrir ses répliques à Paris au musée des Arts et Métiers (3e), au musée d'Orsay (7e) et sur l'île aux Cygnes, près du pont de Grenelle (15e).

Activités à faire dans le quartier

*

1. Balade-toi en bateau-mouche

Au XIXe siècle, ces bateaux ont été fabriqués dans des ateliers installés à Lyon dans le quartier de la... Mouche ! D'où leur nom. Bzzzzzzzz !

Pauline

« Quand la sirène du bateau a retenti, ça m'a fait sursauter ! C'est sympa de voir la Seine de si près, comme si tu étais en train de nager dedans. Ça m'a étonnée de voir des gens se faire bronzer en maillot de bain sur les quais ! Les ponts sont hyper sympas, comme le Pont-Neuf, il s'appelle comme ça parce qu'à l'époque il était moderne. On passe sous le pont Alexandre III, avec ses grandes sculptures. Le guide a dit qu'il y avait le même à Moscou. »

Croisière avec les Bateaux Parisiens
Au départ de la tour Eiffel
Métro Trocadéro
bateauxparisiens.com

LE SAIS-TU ?

Le Zouave du Pont de l'Alma

« Elle sort de son lit, tellement sûre d'elle, la Seine, la Seine, la Seine... » Connais-tu la chanson du dessin animé *Un monstre à Paris* ? Quand il pleut beaucoup sur la capitale, les Parisiens scrutent le Zouave. Situé contre le pont de l'Alma, ce soldat de pierre sert de repère pour évaluer le niveau de la Seine. Lors de la crue en 1910, le fleuve atteint 8,6 mètres et le Zouave se retrouve immergé jusqu'aux épaules !

2. Visite le musée d'Orsay

Pour t'y rendre, tu peux naviguer sur la Seine en montant à bord d'un Batobus qui t'amène face au musée.

Avec Ève

« J'aime beaucoup ce musée car on voit différentes peintures du courant impressionniste (Monet, Renoir, Degas...). Sur le site Internet, on peut imprimer un jeu pour se balader dans le musée d'Orsay. C'est un peu comme une chasse au trésor, à faire en équipe avec au minimum trois ou quatre personnes. Cela permet de trouver différents détails dans les tableaux ou les statues, et de travailler le regard, puis l'attention, et enfin la patience. C'est très amusant. »

Musée d'Orsay
Esplanade Valéry-Giscard-d'Estaing (7e)
Métro Solférino
parismusee-orsay.fr

3. Explore le Palais de Tokyo

Sacha

« Ce musée est très agréable car il est tout blanc, très lumineux et à l'intérieur, il y a vraiment une sensation d'espace et de liberté. J'y ai vu de chouettes expositions dont une autour du son avec une machine qui avançait au-dessus de nos têtes en diffusant de la musique. Il y a aussi des expos de photo ou de peinture avec des artistes contemporains autour d'un thème, c'est très varié. Avant de repartir, j'aime bien faire un tour à la librairie dans son rayon jeunesse. Et puis j'aime aussi l'esplanade juste derrière le musée, je regarde s'il y a des skateurs. »

Palais de Tokyo
13, avenue du Président-Wilson (16e)
Métro Iéna
palaisdetokyo.com

4. Découvre le musée Rodin

Lise

« C'est un musée extraordinaire ! Le jardin est super mignon et assez grand, c'est rare. Il y a une *Porte de l'Enfer*, elle est dehors dans le grand jardin, il y a plein d'anges dessus. Depuis toute petite, j'ai envie de savoir ce qu'il y a derrière ! On a l'impression que tous les personnages que Rodin a sculptés vont s'animer, par exemple *Le Penseur*. Il doit penser à la façon dont Rodin l'a sculpté, justement ! J'aime la sculpture parce que non seulement tu peux sculpter des personnages mais aussi des mots. Et ça permet de réfléchir sur la vie. »

Musée Rodin
77, rue de Varenne (7e)
Métro Invalides
musee-rodin.fr

5. (Dé)file au Palais Galliera

Tsiaro

« Dans ce musée de la mode, on peut découvrir les vêtements de grands couturiers comme Jean-Paul Gauthier, John Galliano ou Alexander McQueen. J'y ai vu des robes de style royal avec beaucoup de volume, une grande robe rouge pas du tout lisse avec des grosses bosses partout et les habits du film de Luc Besson, *Le Cinquième Élément*. Je me souviens aussi d'un vêtement étonnant qui ressemblait à une antilope et de celui d'un magicien avec un sceptre. On voit aussi des défilés de mode sur des écrans. »

Palais Galliera
10, avenue Pierre 1er de Serbie (16e)
Métro Iéna
palaisgalliera.paris.fr

6. Déambule dans la Cité de l'architecture et du patrimoine

Charlotte

« Je suis entrée dans une maquette grandeur nature de la "cité radieuse". C'est une œuvre du designer et architecte Le Corbusier. Dedans, il y avait un supermarché, des magasins, des appartements avec au dernier étage une école primaire. Le but, c'était d'avoir une sorte de ville dans un monument. J'ai vu aussi la maquette du Crystal Palace à Londres avec ses vitrines transparentes et ses grands arbres à l'intérieur. Je trouve ce bâtiment magnifique ! J'ai bien aimé aussi la maquette qui représente un quartier de Paris vu du dessus, avant et après les transformations du baron Haussmann entre 1863 et 1870. J'ai trouvé intéressant de comprendre comment est constituée une ville. »

Cité de l'architecture et du Patrimoine
1, place du Trocadéro-et-du-11-Novembre (16e)
Métro Trocadéro
citedelarchitecture.fr

7. Fais le plein de sensations au Jardin d'Acclimatation

Créé en 1860, c'est le parc d'attractions le plus ancien de France.

Augustin

« Le jardin a été refait, il y a une nouvelle attraction qui s'appelle "La tour de l'horloge". C'est comme le grand huit, sauf qu'il n'y a pas de boucle, mais ça va vite et on a des sensations très fortes comme dans le train dragon ! Il y a l'attraction de la souris qui fait très très peur car à un moment on dévale une descente en arrière. On peut manger sur place, il y a des stands avec de la barbe à papa. L'ambiance est très joyeuse. »

Jardin d'Acclimatation
Rue du Bois-de-Boulogne (16e)
Métro Les Sablons
jardindacclimation.fr

8. Admire les plantes du jardin des serres d'Auteuil

Situé à la lisière du bois de Boulogne, ce jardin botanique a ouvert ses portes en 1895.

Tsiaro

« C'est un petit parc avec plein de serres où on découvre des plantes tropicales et du désert qu'on n'a jamais vues. On se croirait un peu dans la jungle ! C'est comme un voyage au milieu de sentiers et de petites rivières. C'est bien pour prendre l'air ! »

Jardin des serres d'Auteuil
3, avenue de la Porte d'Auteuil (16e)
Métro Porte d'Auteuil

5. autour du

PALAIS GARNIER

VIGNE DU CLOS
18, rue des Saules
(18e), p. 112

MARCHÉ SAINT-PIERRE
2, rue Charles-Nodier
(18e), p. 111

1 SACRÉ-CŒUR
35, rue du Chevalier-de-La-Barre
(18e), p. 111

OPÉRA GARNIER
Place de l'Opéra
(9e), p. 102

MUSÉE GRÉVIN
10, boulevard Montmatre
(9e), p. 108

LE GRAND REX
1, boulevard Poisonnière
(2e), p. 109

RÉALITÉ VIRTUELLE
30, rue du 4-Septembre
(2e), p. 109

1 LE PRINTEMPS HAUSSMANN
64, boulevard Haussmann
(9e), p. 108

2 GALERIE LAFAYETTE
40, boulevard Haussmann
(9e), p. 108

3 PASSAGE CHOISEUL
(2e), p. 110

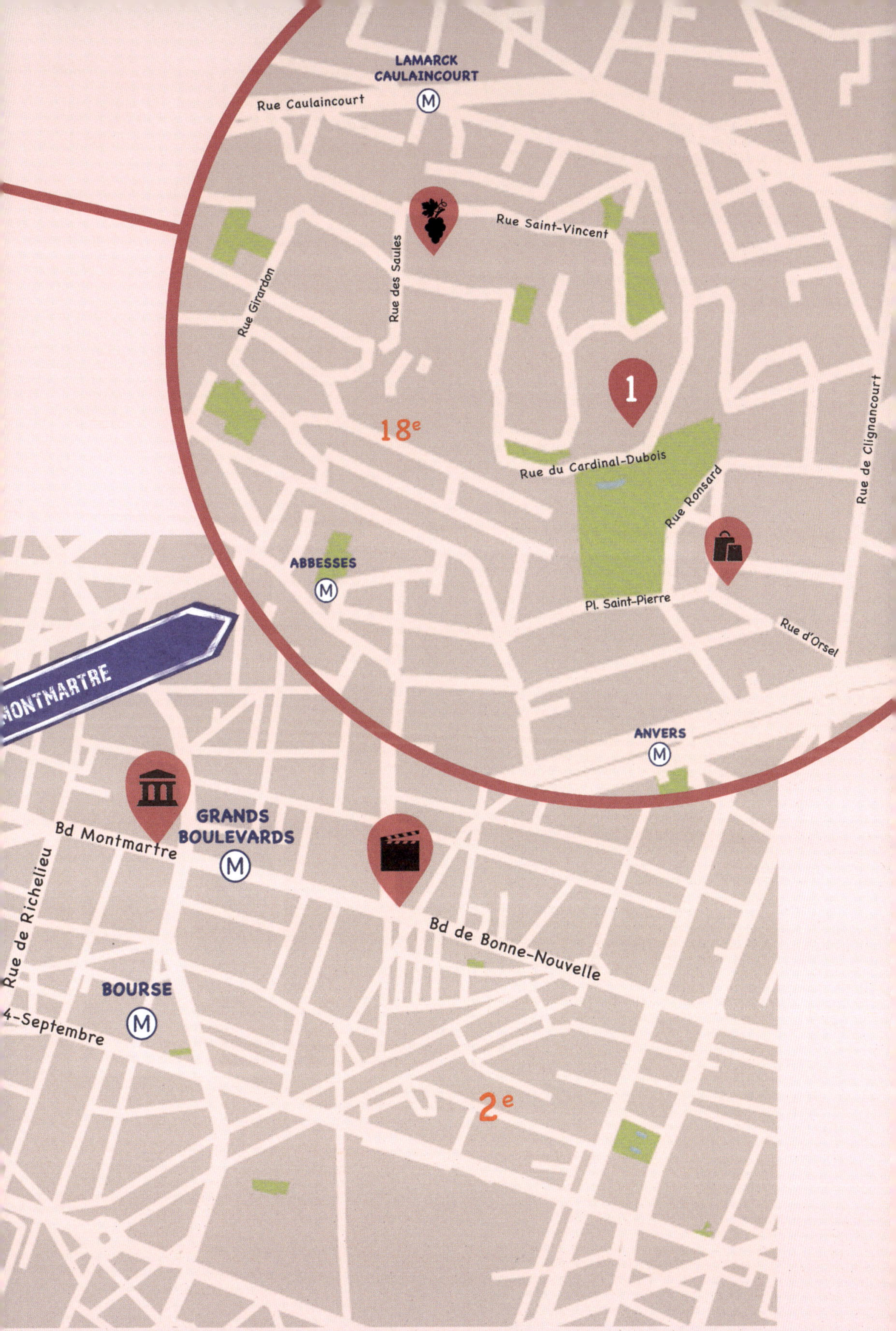
LAMARCK
CAULAINCOURT
Rue Caulaincourt
Rue Saint-Vincent
Rue des Saules
Rue Girardon
1
18e
Rue du Cardinal-Dubois
Rue Ronsard
Rue de Clignancourt
ABBESSES
Pl. Saint-Pierre
Rue d'Orsel
MONTMARTRE
ANVERS
GRANDS
BOULEVARDS
Bd Montmartre
Bd de Bonne-Nouvelle
Rue de Richelieu
BOURSE
4-Septembre
2e

Les Mômes Trotteurs

Augustin, 7 ans

« J'adore les Lego parce que c'est cool, on peut fabriquer des grues, des camions, des hélicoptères et tout ce qu'on veut. J'aime bien aussi faire du vélo dans des endroits où il y a plein de petits chemins parce qu'on va vite. »

Ève, 11 ans

« J'aime participer à l'atelier de couture de mon collège, je couds par exemple des pochettes et des protège-livres. J'adore les spectacles de danse. Voir un ballet à l'Opéra de Paris, c'est l'émerveillement. »

Lise, 10 ans

« La danse, le son, les lumières… C'est beau de voir sur scène une danseuse qui sait très bien jouer son rôle comme Valentine Colasante qu'on a eu la chance d'interviewer pour ce guide ! »

Sacha, 13 ans

« Je fais du théâtre, de la guitare au conservatoire, du solfège, du *soundpainting* (un orchestre d'improvisation), du badminton et de la natation ! J'ai un chat qui s'appelle Haru (le plus mignon du monde), ça veut dire printemps en japonais. »

Terry, 11 ans

« J'apprécie les activités créatives : peindre, faire du montage vidéo, de la musique. J'aime les grands paysages et aller voir des expos, des ballets et des concerts. Je suis toujours curieuse de découvrir de nouvelles choses. »

Menu de la balade

« L'opéra, ça fait rêver ! On voit des anges dorés sur son toit, c'est élégant. C'est un signe car les voix de l'opéra me font penser aux anges. » Selon la légende, un fantôme vivrait à l'intérieur ! Ouf, Terry ne l'a pas croisé… En plus, dès qu'on entre dans le palais Garnier (l'autre nom de l'Opéra de Paris), c'est l'émerveillement, notamment grâce à l'escalier tout en marbre blanc.

Pas très loin, tu croises Molière et Tony Parker au musée Grévin, qui met en scène les statues de cire de personnages célèbres d'hier et d'aujourd'hui. Toujours sur les Grands Boulevards, tu peux te faire une toile au Grand Rex. Avec son écran géant, cette salle accueille jusqu'à deux mille sept cent deux spectateurs. Pourquoi pas aussi te balader sous les passages couverts ! Construites dans la première moitié du XIXe siècle, ces galeries aménagées au milieu des immeubles étaient autrefois un lieu de promenade apprécié par la société bourgeoise.

À quelques stations de métro, tu explores le quartier de Montmartre. « Il y a plein de passages secrets et ça rend ce lieu magique, c'est comme un village », selon Ève.

Alors, en route !

Gazette du Môme Trotteur parisien

LA GRANDE INTERVIEW

Ève, Lise et Terry ont rencontré la danseuse étoile Valentine Colasante dans sa loge à l'opéra Garnier.

Les Mômes Trotteuses : ***Vous utilisez un vernis pour renforcer vos pointes. Est-ce une espèce de colle qui sert aussi à les faire briller ?***
Valentine Colasante : C'est un vernis durcisseur qui permet de solidifier la semelle en carton pour qu'elle dure plus longtemps. En ce moment, j'utilise une pointe par jour !

Les Mômes Trotteuses : ***Dansez-vous toujours les mêmes ballets ?***
Valentine Colasante : Il y a un souhait à l'Opéra de Paris de conserver les grands ballets classiques du répertoire : *Le Lac des cygnes*, *Don Quichotte*, *Gisèle*. Ce sont des chefs-d'œuvre. Les danseurs ont aussi la chance d'évoluer dans des pièces contemporaines et néo-classiques, c'est donc très large.

Les Mômes Trotteuses : ***Est-ce que vous gardez le même costume quand vous jouez* Le Lac des cygnes *plusieurs fois ?***
Valentine Colasante : Quand je danse le rôle principal d'Odette et Odile, j'ai deux costumes, un noir pour le cygne noir, un blanc pour le cygne blanc. Et je remets les mêmes lors des représentations suivantes. J'ai des costumes qui sont faits sur-mesure pour moi et que je porterai jusqu'à la fin de ma carrière. Ils sont conçus à l'atelier costume de l'Opéra par des couturières. Cela représente des heures et des heures de travail. Pour *Le Lac des cygnes*, j'ai demandé à avoir plus de souplesse sur un côté de l'un de mes costumes pour une meilleure mobilité. Chaque danseuse étoile a ses recommandations, ses envies,

et la couture s'adapte avec beaucoup d'ingéniosité.

Les Mômes Trotteuses: ***Une danseuse étoile s'arrête-t-elle de danser quand elle veut ?***

Valentine Colasante : 42 ans, c'est l'âge actuel fixé par l'Opéra de Paris. Donc, à 42 ans, notre carrière est finie à l'Opéra. Il y a en a qui s'arrêtent avant car le corps ne suit pas forcément. Il y en a d'autres qui peuvent danser jusqu'à 50 ans et qui continuent à faire des spectacles à l'extérieur. Il n'y a pas vraiment de règles. Moi, il me reste à peu près dix ans et je me sens en pleine forme ! Après, c'est le corps qui décide !

Les Mômes Trotteuses : ***À quel âge avez-vous commencé à danser ?***

Valentine Colasante : J'ai commencé à danser sérieusement à l'âge de 6 ans quand je suis rentrée au Conservatoire, et ensuite à l'école de danse à 8 ans. Là, j'avais des cours tous les jours, c'est devenu plus professionnel.

Les Mômes Trotteuses : ***Pourquoi les plus jeunes danseuses de l'école de ballet de l'Opéra sont-elles appelées « petits rats » ?***

Valentine Colasante : L'expression « petit rat » vient du fait que les petits danseurs et danseuses grouillent partout en faisant des petits pas pendant leurs cours, c'est très léger, et ça fait un bruit un peu furtif qui rappelle celui des rats sur le plancher.

Les Mômes Trotteuses : ***Comme l'Opéra est grand, avez-vous eu peur la première fois en entrant à l'intérieur ?***

Valentine Colasante : Il est vrai que le palais Garnier est très impressionnant, et alors que j'y suis depuis longtemps je n'en connais pas tous les recoins et les couloirs ! Il y a toujours des endroits un peu cachés. C'est un bâtiment que j'aime profondément parce que c'est un lieu qui a une âme et une histoire. Les plus grands danseurs et chanteurs y sont venus, c'est unique. Dans le foyer de la danse, juste derrière la scène, là où les danseurs se chauffent, c'est magique !

Les Mômes Trotteuses : ***Il y a aussi celui qu'on appelle le « Fantôme de l'Opéra »...***

Valentine Colasante : Il y a même un opéra qui s'appelle *Le Fantôme de l'Opéra*. Il s'agit bien sûr d'une légende. Personne ne l'a jamais vraiment vu. Mais on dit encore qu'il aurait même carrément sa loge, la numéro 5, qui est louée par les spectateurs. De là, il voit les spectacles et il y dormirait... Personnellement, je ne l'ai jamais vu ! En tout cas, je suis sûre que ce fantôme n'est pas méchant.

Les Mômes Trotteuses : ***Est-ce qu'il faut être fort physiquement pour faire de la danse classique ?***

L'OPÉRA DÉCHIFFRÉ

Long de 173 mètres et large de 125 mètres, le grand escalier de l'opéra Garnier atteint 30 mètres de hauteur. Le premier palier conduit au parterre de la grande salle de 2 000 places.
Les escaliers de côté mènent aux étages supérieurs et au foyer.
Le « grand foyer » est une longue galerie, où tu peux admirer des sculptures, des peintures et des miroirs.
La scène à l'italienne de 1350 mètres de superficie peut accueillir jusqu'à 450 figurants !

Valentine Colasante : Il faut avoir de la souplesse, un certain saut naturel mais moi je suis d'avis que tout se travaille. La danse est un métier qui demande énormément de rigueur, de travail, de persévérance. C'est parfois dur psychologiquement parce que monter sur scène devant deux mille spectateurs, ce n'est pas toujours facile. Parfois on est un peu fatigué ou en manque de confiance, c'est un long apprentissage. C'est la passion qui nous guide. Et puis comme dans toutes les carrières, il y a une part de chance.

Les Mômes Trotteuses : ***Faut-il travailler tous les jours quand on est danseuse étoile ?***

Valentine Colasante : Le corps a besoin de se reposer. C'est nécessaire et, avec le temps, on se rend compte à quel point c'est bénéfique. Quand j'étais plus jeune, j'avais tendance à me dire que si je me reposais, je n'allais pas y arriver. Or, un ou deux jours de repos, c'est parfois bien plus utile que de travailler toute la journée et de s'épuiser avec le risque de blessure. Notre corps, c'est notre outil de travail, il faut donc en prendre soin, savoir l'aiguiser, l'affûter du mieux possible.

Les Mômes Trotteuses : ***C'était un rêve de petite fille de devenir danseuse étoile ?***

Valentine Colasante : Oui. Quand c'est arrivé, j'avais 28 ans et quinze ans de carrière. Je n'oublierai jamais ce jour-là. Ensuite, il faut être un exemple pour la compagnie. Quand on est en haut de la pyramide on a aussi peut-être un peu moins le droit à l'erreur. Mais on est très bien préparé car on commence par des rôles de corps de ballet, puis on fait des rôles de demi-solistes et de soliste. Pour moi, cela s'est fait en douceur. Passée cette première année où il faut prendre sa place et assumer ce titre, c'est surtout beaucoup de portes ouvertes et davantage de liberté. Et si on aime ça, danser toute la journée, ce n'est pas un cauchemar !

Les Mômes Trotteuses : ***Vous savez très bien danser mais aussi très bien jouer votre rôle...***

Valentine Colasante : C'est vrai qu'on a un métier pluridisciplinaire. Ça demande toute une part d'interprétation qui est certainement la plus importante de notre métier. On communique des émotions. On fait ce métier pour s'exprimer d'une autre manière qu'avec le langage.

Les Mômes Trotteuses: ***Peut-on mélanger les adultes et les enfants dans un ballet?***

Valentine Colasante: Il n'y a pas vraiment de code dans le spectacle vivant, on peut faire ce qu'on veut d'une manière générale, donc oui, il peut y avoir des adultes et des enfants sur scène. Mais aussi des chœurs, des chanteurs et des danseurs. Ce n'est pas « gratuit », c'est pour servir l'histoire et l'émotion. L'orchestre est très important aussi, un danseur est attentif à la musique, c'est primordial d'en avoir une parfaite connaissance. Mais nous ne sommes pas des robots, le même spectacle est différent à chaque représentation.

Les Mômes Trotteuses: ***À quoi pensez-vous quand vous dansez?***

Valentine Colasante: À profiter du moment. Le maître-mot, c'est de prendre le plus de plaisir possible, parce que c'est le seul moyen de pouvoir être libre.

L'opéra Garnier, temple de la danse classique

Inauguré en 1875 sous l'impulsion de Napoléon III, cet opéra est l'œuvre de Charles Garnier.
Ce monument est le symbole des grands travaux de rénovation de Paris menés par le baron Haussmann.
Dans la toile qui orne le plafond de la grande salle, tu vois des anges, des bouquets de fleurs, une contrebasse volante : les pinceaux du peintre Marc Chagall virevoltent ! Et, surprise, le palais Garnier abrite un lac artificiel situé à environ dix mètres sous la scène.

Palais Garnier
Place de l'Opéra (9e)
« Visite ludique de l'Opéra, entre ballerines et fantômes » avec l'agence Paris d'enfants.
Entre 1h30 et 2h / pour les 5-11 ans
Métro Opéra, Havre-Caumartin
parisdenfants.com

Le Paris du baron Haussmann

À deux pas de l'opéra Garnier, se trouve le boulevard Haussmann. Il porte le nom de Georges Eugène Haussmann. Il est né et mort à Paris (1809-1891). Présenté à Napoléon III, il devient préfet de la Seine le 22 juin 1853.

Jusqu'en 1870, il mène une politique de grands travaux qui transforme Paris. Il fait raser des quartiers entiers et des monuments historiques de la ville datant du Moyen Âge. Il fait construire des égouts, des gares et de multiples chemins de fers. Objectif? En finir avec les rues sombres, étroites et insalubres de la capitale grâce à de grandes avenues.

Le baron Haussmann fait appel à de nombreux architectes, géographes, jardiniers, historiens, économistes et banquiers pour réaliser cet immense chantier. Son slogan: « Paris embellie, Paris agrandie, Paris assainie. »

Activités à faire dans le quartier

*

1. Visite le musée Grévin

Augustin

« Ce musée est génial, on peut y voir des sculptures en cire de présidents comme Emmanuel Macron et Barack Obama. On voit aussi des stars (Mickael Jackson, Madonna...) et même des personnages de dessins animés comme Miraculous et Willy Wonka de *Charlies et la chocolaterie*. On dirait vraiment qu'ils sont tous vivants ! »

Musée Grévin
10, boulevard Montmartre (9e)
Métro Grands Boulevards
grevin-paris.com

2. Découvre les temples de la mode

Au moment des fêtes de fin d'année, le Printemps Haussmann et les Galeries Lafayette créent des vitrines de Noël animées captivantes. Ces deux célèbres grands magasins ont ouvert durant la seconde moitié du XIXe siècle. Aujourd'hui, ils restent des emblèmes de la mode parisienne. Ils font aussi partie du patrimoine, leurs coupoles sont classées monuments historiques. La classe !

Les Galeries Lafayette
40, boulevard Haussmann (9e)
Le Printemps
64, boulevard Haussmann (9e)

LE SAIS-TU ?

La rue la plus courte de Paris

Elle mesure près de 6 mètres (5,75 mètres) et, surprise…, il s'agit d'un escalier ! Celui-ci comporte 14 marches ou « degrés », comme on dit en ancien français, d'où son nom « rue des Degrés ». Proche du musée Grévin, elle relie la rue de Cléry à la rue de Beauregard.

3. Fais-toi une toile au Grand Rex

Bienvenue dans le plus grand cinéma d'Europe! Tu peux y voir toutes sortes de films: horreur, action, fantasy... Au moment de Noël, on assiste à *La Féerie des Eaux*, un spectacle avec des jets d'eau. Une visite audio-guidée t'entraîne même dans les coulisses de ce superbe cinéma dont le décor n'a pas changé depuis 1932. Tu y découvres la cabine de projection, le bureau du directeur et un plateau de tournage.

Le Grand Rex
1, boulevard Poissonnière (2e)
Métro Bonne-Nouvelle
legrandrex.com
Visite audio-guidée dans les coulisses du cinéma à partir de 5 ans

4. Vole au-dessus de Paris grâce à la réalité virtuelle

Augustin

« On croit vraiment qu'on est dans les airs, et à un moment, on visite la tour Eiffel. Ça fait peur parce que le moteur n'a plus d'essence, il descend à toute allure. Mais ouf, ça repart ! »

Réalité virtuelle
30, rue du 4-Septembre (2e)
flyview360.com

5. Arpente les passages couverts

Ève

« Ils sont apparus entre 1825 et 1827. Dedans, on trouvait des commerces de luxe, des marchands de jouets, des salles de spectacle, des bouquinistes ou des restaurants. Les dames du XIXe siècle se réfugiaient ici pour se divertir et découvrir de nouvelles modes vestimentaires. Et aussi pour se protéger de la pluie !

Aujourd'hui, dans Paris, on compte une trentaine de passages couverts. Il y a des restaurants avec des spécialités des quatre coins du monde (indiennes, méditerranéennes, japonaises…). Dans le passage Choiseul, il y a même des bars à sieste pour se relaxer ! Je recommande la Maison Lavrut, un grand magasin avec tout le matériel pour peindre et dessiner, et Chez Lead, un magasin sur l'univers Manga (t-shirts, jeux d'arcades et posters très beaux). »

Visite spectacle
« L'énigme des passages couverts »
Métro Bourse
visites-spectacles.com

6. Déambule dans le marché Saint-Pierre

Ève

« Il a été créé vers 1873. Il est situé sous le Sacré-Cœur. Il réunit différents magasins qui regorgent de tissus, pour tous les goûts. Il y a toutes sortes d'étoffes et de matières. Il propose aussi tout le nécessaire à coudre. On y trouve des bouts de tissus qui servent à réaliser des costumes de spectacle et il y a des paillettes, des perles, des plumes. C'est une caverne avec plein de trésors! »

Marché Saint-Pierre
2, rue Charles-Nodier (18e)
marchesaintpierre.com

7. Le Sacré-Cœur

Ève

« Cette basilique se trouve sur la butte Montmartre. Elle a été construite entre 1875 et 1923. C'est le deuxième monument le plus visité de France après Notre-Dame de Paris! Ses murs sont faits de calcaire pour mieux filtrer la pluie. C'est pour ça que la façade a l'air délavé, mais le charme du monument reste! Je trouve que c'est majestueux à l'extérieur. À l'intérieur, c'est très silencieux et reposant. Depuis le haut du Sacré-Cœur, on voit tout Paris. Et le plus bel angle pour l'admirer, c'est depuis le square de la Turelure, juste derrière. »

Le Sacré-Cœur
35, rue du Chevalier-de-La-Barre (18e)
sacre-cœur-montmartre.com

8. Les vignes de Montmartre

Ève

« Les premiers vignobles de Montmartre remontent à l'époque gallo-romaine. Au XIIe siècle, l'abbaye de Montmartre et ses occupantes plantent les premières vignes et font du vin. Grâce à la vente, elles gagnent de l'argent. Au XVIIIe siècle, c'est déjà une zone où on cultive beaucoup la vigne avec une vingtaine de plants sur la butte.

Tous les matins, quand j'avais 9 ans, je passais devant en allant à l'école. Chaque année, le premier samedi d'octobre, on peut participer à la Fête des Vendanges de Montmartre, qui réunit tous les producteurs de vins de France et d'ailleurs. Les confréries défilent dans tout le quartier, ça rend le lieu très festif ! »

Vignes de Montmartre
28, rue Francœur (18e)

Le poème d'Ève sur Montmartre

Sur le chemin de l'école,
Sur le chemin de l'école,
Je compte les pavés et les grappes de raisins,
Lettres et chiffres tourbillonnent dans ma tête,
La glycine serpente sur les grilles des maisons,
L'aubépine forme un tunnel de verdure,
La vigne s'étale tel un tapis violet,
Les oiseaux chantent, les arbres bruissent.
C'est mon chemin de l'école,
Et c'est à Montmartre, le chemin du paradis !

Sacha

« L'hiver, j'aime bien aller à Montmartre et regarder l'horizon de Paris dans la brume. Dans les petites ruelles derrière la cathédrale, j'adore sentir l'odeur des crêpes chaudes et regarder les œuvres des artistes qui sont en train de travailler place du Tertre. »

6. autour de

LA BIBLIOTHÈQUE NATIONALE DE FRANCE

Vers
QUAI
Bd de l'Hôpital
SAINT-MARCEL
Bd Saint-Marcel
2
LES GOBELINS
Av. des Gobelins
Bd de l'Hôpital
PLACE D'ITALIE
Bd Vincent-Auriol
Bd Auguste-Blanqui
CORVISART
Rue des Cinq-Diamants
1
13e

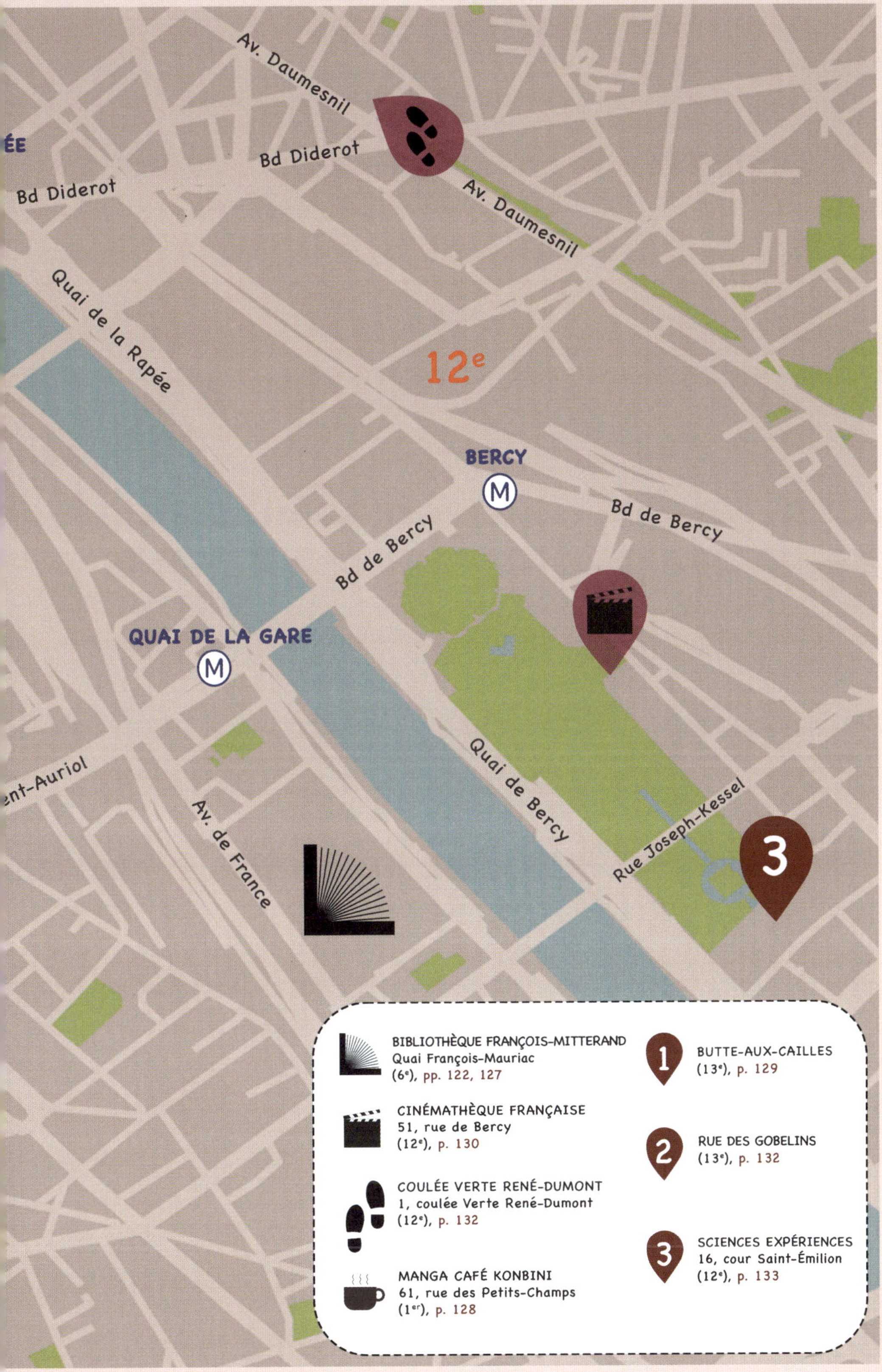

Av. Daumesnil
ÉE
Bd Diderot
Bd Diderot
Av. Daumesnil
Quai de la Rapée
12e
BERCY
M
Bd de Bercy
Bd de Bercy
QUAI DE LA GARE
M
Quai de Bercy
Rue Joseph-Kessel
3
ent-Auriol
Av. de France
BIBLIOTHÈQUE FRANÇOIS-MITTERAND
Quai François-Mauriac
(6e), pp. 122, 127
CINÉMATHÈQUE FRANÇAISE
51, rue de Bercy
(12e), p. 130
COULÉE VERTE RENÉ-DUMONT
1, coulée Verte René-Dumont
(12e), p. 132
MANGA CAFÉ KONBINI
61, rue des Petits-Champs
(1er), p. 128
1
BUTTE-AUX-CAILLES
(13e), p. 129
2
RUE DES GOBELINS
(13e), p. 132
3
SCIENCES EXPÉRIENCES
16, cour Saint-Émilion
(12e), p. 133

Les Mômes Trotteurs

Aliosha, 13 ans

« Mes parents sont italiens et j'adore voyager, cela me permet de découvrir de nouvelles cultures et modes de vie. Depuis mon enfance, je suis passionné par l'architecture et l'histoire, donc visiter des monuments a toujours été fascinant pour moi. »

Sonam, 10 ans

« J'adore les voyages, j'ai toujours hâte de partir en vacances ! Ma fête préférée, c'est Halloween. Je me passionne aussi pour les belles voitures. Mes endroits préférés à Paris ? Les terrains de tennis et de basket et le parc Montsouris que je trouve extraordinaire, j'y vais depuis que je suis né. »

Félix, 11 ans

« J'aime la lecture, les mathématiques, apprendre des choses. Je préfère la science à la littérature. Je joue de la guitare acoustique et je reprends les morceaux de Nirvana, Oasis et Supergrass. »

Julia, 8 ans

« J'aime les maths, jouer avec mes copines et dormir. Paris est belle, il y a du bruit mais on y trouve des endroits très calmes. J'ai trois petites tours Eiffel à la maison. »

Tsiaro, 11 ans

« J'aime jouer à la Switch, aller dans les parcs d'attractions. J'adore aussi danser ! C'est pour ça que je prends des cours de hip-hop. »

Menu de la balade

Te voici dans la plus grande bibliothèque de France, la BnF. Chaque fois qu'un auteur écrit un livre, un exemplaire y est envoyé et conservé. Il y en aura donc un de ton guide *Mômes Trotteurs* !

Tout près, pour changer d'univers, il te suffit de pousser les portes du Manga Café. « On peut passer tout un après-midi pour y lire des super mangas », apprécie Félix. Et pour comprendre comment on fabrique un film, rendez-vous à la Cinémathèque, où tu découvres le septième art en t'amusant notamment grâce au musée Méliès, consacré à ce génie de la pellicule.

Le voyage continue dans le village de la Butte-aux-Cailles, qui fleure bon la campagne, un endroit très connu aussi pour le *street art*. Ce village ne doit pas son nom aux cailles, les petits oiseaux migrateurs, mais à un certain Pierre Caille. Avec sa famille, il achète en 1543 un coteau planté de vignes sur la butte. Ils en deviennent propriétaire, d'où l'expression : « C'est la butte aux Cailles » !

Alors, prêt à changer de décor ?

Gazette du Môme Trotteur parisien

LA GRANDE INTERVIEW

Aliosha rêve de devenir architecte ! Il a rencontré la designer et architecte d'intérieur Gaëlle Lauriot-Prévost, qui a créé les aménagements intérieurs de la Bibliothèque nationale de France François-Mitterrand. Elle travaille aux côtés de l'architecte Dominique Perrault, qui a conçu ce monument achevé en 1995 dans le 13e arrondissement de la capitale. Beaucoup considèrent qu'il s'agit de la plus grande et de la plus moderne bibliothèque du monde.

Aliosha : ***Est-ce le président François Mitterrand qui a choisi lui-même le projet de la bibliothèque qui porte son nom ?***

Gaëlle Lauriot-Prévost : Oui, à l'issue d'une compétition internationale qui a été organisée entre une vingtaine d'architectes originaires du monde entier. Chacun d'entre eux a fait une proposition. En 1989, Dominique Perrault n'avait que 36 ans, ce qui est très jeune pour espérer remporter un projet de cette importance. C'est pourtant son projet qui a été retenu par le président Mitterrand. Tu ne peux pas avoir de plus grand client ! Pour nous, c'était incroyable et, il faut bien le reconnaître, très impressionnant. Nous avons relevé le défi !

Aliosha : ***Avez-vous utilisé un slogan pour gagner ce concours ?***

Gaëlle Lauriot-Prévost : Oui, notre slogan était : « Une place pour Paris, une bibliothèque pour la France. » Car, au départ, à l'emplacement de la BnF François-Mitterrand, il n'y avait que des friches industrielles, des hangars et des voies de chemin de fer. Le projet devait être le moteur de la construction de ce nouveau quartier du 13e arrondissement de Paris.

Aliosha : ***Comment avez-vous eu l'idée de réaliser des tours en forme de livres ?***

Gaëlle Lauriot-Prévost : C'est en fait le public qui a trouvé que ces tours faisaient penser à des livres ouverts. Cette forme en angle droit nous permettait à nous, architectes, de déterminer un vrai volume, qui était du vide, mais un volume quand même. Et puis, c'est plus facile pour y installer des étagères ! Un tiers des livres est stocké dans les tours, le reste se trouve dans le sol, autour des salles de lecture.

Aliosha : ***En fait, la BnF est aussi enfouie dans le sol, du coup on n'en voit qu'une partie...***

Gaëlle Lauriot-Prévost : Tout à fait ! Les tours représentent la partie visible de l'iceberg.

Aliosha : ***J'ai lu que, pendant la construction de la BnF, le trou creusé dans le terrain a été inondé et que des ouvriers ont même dû faire des traversées en barque. Est-ce que c'est vrai ?***
Gaëlle Lauriot-Prévost : C'est vrai ! Une paroi étanche et moulée a été créée sur ce terrain où, au départ, il n'y avait rien. Ensuite, on a enlevé la terre et creusé le trou pour pouvoir construire à l'intérieur. Comme la paroi moulée est plus basse que le niveau de la Seine, de l'eau est apparue avant d'être pompée et retirée. La paroi est devenue étanche et fonctionne aujourd'hui comme un barrage.

Aliosha : ***Pourquoi avoir choisi de créer la BnF autour d'un jardin ?***
Gaëlle Lauriot-Prévost : Dans une bibliothèque, tu restes assis pendant de longues heures. Il faut donc que ce qui t'entoure te permette de te concentrer. Ce jardin apporte une belle lumière naturelle dans les salles de lecture. C'est une sorte d'endroit sacré dans lequel il n'est pas possible d'aller se promener, il doit rester un lieu de contemplation. C'est aussi un clin d'œil à l'ancienne salle Labrouste de la BnF-Richelieu (classée monument historique), où de grandes fresques de l'architecte Henri Labrouste évoquaient la nature. Nous, nous avons préféré que la nature soit vivante !

Aliosha : ***D'où viennent les arbres du jardin ?***
Gaëlle Lauriot-Prévost : Ils viennent de la forêt de Bord, en Normandie. Avec l'aide d'un ingénieur agronome, Monsieur Erik Jacobsen, nous avons créé ce qu'on appelle une pépinière de transition. C'est-à-dire que nous avons préparé des arbres adultes (venant de la forêt, destinés à être abattus et que nous avons donc sauvés) en les mettant en mottes (de cinq mètres de diamètre) et en les transplantant dans la parcelle à côté de leur lieu d'origine. Surveillés et soignés pendant un an et demi, ces arbres, en l'occurrence des pins sylvestres, ont été transportés et replantés dans le jardin de la BnF. Chaque arbre est arrivé par convoi exceptionnel et a été positionné à l'aide d'une grue spéciale au sein du jardin en suivant un plan précis. C'était une première en France !

Aliosha: *Le décor de la bibliothèque est chaleureux grâce au bois…*
Gaëlle Lauriot-Prévost: Nous avons utilisé du « bois Doussié ». C'est un bois rouge-brun qui rappelle la couleur des troncs des pins sylvestres du jardin. La moquette est couleur écureuil. Tout le bâtiment est un peu rose parce que le bois et la moquette se reflètent sur les murs et les poteaux en béton, ainsi que sur la maille métallique située au plafond.

Aliosha: *Au plafond des salles de lecture et sur les parois du bâtiment, on voit effectivement des cottes de mailles en métal de forme arrondie accrochées, ça fait comme des vagues. Pourquoi avoir utilisé ce matériel pour décorer la bibliothèque ?*
Gaëlle Lauriot-Prévost: Parce qu'il est résistant au feu, ne laisse pas passer l'air, peut être produit en grande dimension et a une brillance qui capte la lumière. Nous sommes allés à la rencontre d'industriels qui travaillent le fil métallique. Nous avons dessiné les fils de métal et les mailles elles-mêmes, qui ont été tissées sur un métier identique à celui qui tisse le tissu de ta chemise, mais en format XXL. Nous avons été les inventeurs de la maille métallique pour l'architecture.

Aliosha: *Pour les Jeux olympiques 2024 à Paris, on a aussi fait appel à votre agence* d'architecture !*
Gaëlle Lauriot-Prévost: Le concepteur du Village des athlètes est en effet Dominique Perrault. Il l'a imaginé comme un nouveau quartier des communes de Saint-Denis et de Saint-Ouen. Dominique Perrault en a conçu la géométrie. Il a défini ses espaces publics, ses rues, ses pentes, ses places, la hauteur des bâtiments et leur organisation. Nous sommes heureux de participer à l'aventure olympique et à la transformation du département de la Seine-Saint-Denis, le plus jeune de France !

*Dominique Perrault Architecture (DPA)

Le Paris de François Mitterrand

Depuis 2003, Paris possède un **quai François-Mitterrand**. Président de la France de 1981 à 1995, celui-ci a fait réaliser l'agrandissement du **musée du Louvre** avec sa pyramide, la construction de l'**Opéra-Bastille**, de l'**Arche de la Défense** et de la **Bibliothèque nationale de France** qui porte son nom.

C'est ce qu'on appelle **« la politique des grands travaux »**. Une façon pour les présidents de la République de laisser leur empreinte. Sous la Ve République, Georges Pompidou a ainsi initié la création du musée national d'Art moderne (1977) et le fameux Centre Pompidou ; Valéry Giscard d'Estaing le musée d'Orsay et l'Institut du monde arabe; Jacques Chirac le musée du quai Branly. C'est le dernier grand ouvrage d'un chef d'État.

Y en aura-t-il d'autres? Seule l'histoire nous le dira!

LA BNF-SITE FRANÇOIS-MITTERRAND : 15 MILLIONS DE LIVRES ET IMPRIMÉS !

La BnF a pour mission de collecter, cataloguer, conserver, enrichir et communiquer le patrimoine documentaire de la France.

Visite-enquête en famille à la BnF
13, quai François-Mauriac (13e)
Métro Bibliothèque François-Mitterrand.
bnf.fr
Inscription : visites@bnf.fr
D'autres ateliers jeune public : initiation à la gravure, découvertes des écritures médiévales...

Aliosha

« C'est géant ! La BnF comporte vingt-quatre étages, quatre tours, ça ressemble à un livre rectangulaire. À part certains manuscrits qui datent du xve siècle, c'est moderne. Si on a besoin d'un livre, quelqu'un le met dans une nacelle en forme de casque de moto, et il arrive directement à l'étage où on se trouve. En une journée, les nacelles font trois mille missions !
Du dix-huitième étage, on voit le bois de Vincennes et le Sacré-Cœur. Le plafond est recouvert de voiles de bateau, c'est très original, ça me fait penser au Moyen Âge. Il y a un jardin au milieu de la BnF parce qu'on est mieux concentré quand on travaille près des arbres et de la nature. »

Activités à faire dans le quartier

*

1. Bouquiner au Manga Café

Félix

« J'aime bien l'ambiance japonaise avec son épicerie. Côté décor, il y a de grandes statues de personnages de manga comme celles de la série *Demon Slayer*, et des dessins d'auteurs. On vient y lire des mangas, il y a au moins quarante places, c'est assez grand. J'apprécie les dessins et le style manga: combat, espionnage, apprentissage. On joue aussi aux jeux vidéo dans la salle d'arcade. Le concept est cool. Au début je bouquine, je m'assois dans des canapés et des fauteuils, j'y reste une heure trente. On peut prendre des sodas, des boissons chaudes et éventuellement de l'eau. »

Manga Café
9, rue Primo-Levi (13e)
Métro Bibliothèque François-Mitterrand
mangacafe.fr
Sur place, formules déjeuner avec Bento et Onigiri

2. Chasser les Space Invaders

Sonam

« J'en ai flashé plus de quatre cent cinquante à Paris! Et il y en a plus de mille trois cents. En fait, ces mosaïques sont réalisées par l'artiste Invader et il y a une application sur le téléphone qui permet de les flasher un peu partout sur les murs. On gagne des points et on obtient un classement. On en découvre plein dans le 13e arrondissement: rue de Tolbiac, place d'Italie… C'est une très bonne manière de visiter Paris. Soit on va dans un quartier qu'on connaît, soit on y va au hasard. J'ai aussi découvert grâce à ça la rue Saint-Georges et ses théâtres, dans le 9e arrondissement. »

3. Balade *street art* à la Butte-aux-Cailles

Devenu parisien en 1860, ce hameau abrite alors des moulins à vent. Surprise, au 10, rue Daviel, tu découvres une cour avec des maisons à colombages comme en Alsace, tandis que les murs de la rue des Cinq-Diamants sont ornés d'immenses graffitis. La Butte au quoi? Aux trésors!

Le quartier de la Butte-aux-Cailles est un musée à ciel ouvert. Sur les façades des immeubles, tu peux découvrir des œuvres de *street art* qui font référence à l'histoire et à la vie du quartier. Mais pourquoi ce drôle de nom, « Butte-aux-Cailles »? Rien à voir avec les oiseaux! C'est tout simplement parce que ce territoire appartenait jadis à un certain Monsieur Caille.

Et comment font les artistes pour créer des dessins aussi précis? Ils utilisent des pochoirs. On croise ainsi un enfant fantôme qui rentre dans un mur de l'artiste Seth. Il peint souvent des enfants dans des univers un peu imaginaires. Tu découvres aussi les œuvres de Lady Bug, qui dessine en faisant plein de petits points.

4. Le musée Méliès à la Cinémathèque française

Georges Méliès est un cinéaste, acteur et producteur de spectacles exceptionnel qui a construit à Montreuil le tout premier studio vitré au monde. Beaucoup de professionnels du septième art, dont George Lucas, le créateur de *Star Wars*, considèrent qu'il est le père des effets spéciaux. Le réalisateur américain Martin Scorsese lui a aussi rendu hommage dans son film *Hugo Cabret*. Le musée Méliès t'invite à plonger dans son univers peuplé d'automates, de jeux d'optiques, d'objets de magie, de maquettes... On comprend comment Méliès fabrique ses trucages. Magique !

Cinémathèque française
51, rue de Bercy (12e)
Métro Bercy
cinematheque.fr
Restauration sur place à la cantine bio
Les 400 coups

LE SAIS-TU ?

Lumière sur les réverbères !

La ville lumière possède de très beaux réverbères anciens.
En levant le nez passage Vandrezanne (13e), tu découvres des candélabres-consoles à lanternes rondes. Distingués, non ? Au milieu du XIXe siècle, ces lanternes fonctionnent au gaz. Elles sont allumées et éteintes à la main par les allumeurs de réverbères. Ce métier disparaît avec l'arrivée de l'ampoule électrique. Plus besoin de poser une bougie au bord de sa fenêtre pour éclairer Paris !

COMME AU CINÉMA

Chaque année, plus de neuf cents films (cinéma, télévision...) sont tournés à Paris. La capitale sert aussi de décor à des dessins animés célèbres. Dans *Un monstre à Paris*, Lucille chante pour l'ouverture du funiculaire de Montmartre. Dans *Anastasia*, tu aperçois l'Arc de Triomphe et l'opéra Garnier. Et dans *Ratatouille*, Rémy et sa bande nous emmènent sur le pont Alexandre-III et du côté de la tour Eiffel.
Grâce à ces films d'animation, on découvre à quoi ressemble Paris aujourd'hui et il y a un siècle !

LE SAIS-TU ?

La rue des Gobelins

Elle doit son nom à Jean Gobelin. Il installe en 1447 sa teinturerie à la hauteur des n° 17 à 21 actuels de la rue, sur les bords de la rivière de la Bièvre qui se jetait autrefois dans la Seine. La maison est profondément remaniée à la fin du XVIIe siècle par Jean Glucq, qui en fait le cœur de la manufacture royale des draps et teintures, devenue plus tard manufacture des Gobelins.

5. Se promener le long de la coulée verte

Ce jardin est tracé sur une ancienne voie ferrée, entre le bois de Vincennes et Bastille.

Julia

« Il y a beaucoup de plantes, de fleurs. C'est un bel endroit pour se promener à pied, la plupart du temps. On voit le quartier d'en haut, des immeubles, des personnes. Quand il y a beaucoup de monde, c'est un peu étroit, surtout au printemps et durant l'été à cause des fleurs. C'est calme, tu as l'impression d'être dans la nature, ça fait du bien, car à Paris il y a beaucoup de bruit. On peut y aller à vélo, mais il faut faire attention aux escaliers. »

Coulée verte René-Dumont
Accès par l'avenue Émile-Laurent à Vincennes, métro Porte de Vincennes, et par la place de la Bastille, métro Bastille
equipement.paris.fr

6. Jouer les explorateurs à Sciences expériences

Tsiaro

« Ce lieu propose des parcours d'expériences et plein d'activités quantiques, physiques et chimiques pour apprendre les sciences. Dans une salle, les murs sont des écrans grâce à un simulateur et on est en immersion dans le centre de la Terre. C'est comme si on s'enfonçait dans son noyau, avec la lave et les cratères. C'est impressionnant ! On découvre aussi ce qu'est un laser et on se téléporte ! »

Sciences expériences
16, cour Saint-Émilion (12e)
Métro Cour Saint-Émilion
science-experiences.com

7. autour du

PARC MONTSOURIS

Rue Balard
Rue Balard
15e
LOUMEL
Av. Félix-Faure
Av. Félix-Faure
Rue Leblanc
Bd du Général-Martial-Valin
BALARD
Bd Victor
Bd Périphérique
Bd Périphérique
PORTE
DE VERSAILLES
Rue du Colonel-Pierre-Avia
Bd Gallieni
Bd des Frères-Voisin
Vers le 14e
BALLON DE PARIS
Parc André-Citroën
(15e), p. 152
AQUABOULEVARD
4-6, rue Louis-Armand
(15e), p. 153
ÉTINCELLES DU PALAIS
DE LA DÉCOUVERTE
186, rue Saint-Charles
(15e), p. 154

Bd Raspail
Bd Pasteur
Bd de Vaugirard
Av. du Maine
VAVIN
Bd du Montparnasse
Bd Edgar-Quinet
15e
GAÎTÉ
Av. Denfert-Rochereau
bd Argo
SAINT-JACQUES
Bd Saint-Jacques
Av. du Maine
14e
Av. René-Coty
ALÉSIA
Rue d'Alésia
Rue d'Alésia
Av. Reille
Bd Jourdan
PARC MONTSOURIS
2, rue Gazan
(14e), pp. 142, 148
TOUR MONTPARNASSE
33, avenue du Maine
(15e), p. 150
LES CATACOMBES
1, av. du Colonel-Henri-Rol-Tanguy
(14e), p. 149
1 MUSÉE DE LA POSTE
34, boulevard de Vaugirard
(15e), p. 153
2 PLACE PABLO-PICASSO
Boulevard Raspail
(14e), p. 146
3 FONDATION GIACOMETTI
5, rue Victor-Schoelcher
(14e), p. 151

Les Mômes Trotteurs

Augustin, 7 ans

« Je pratique le judo et la prise o-soto-gari, qui permet d'attraper la jambe de l'adversaire avec son pied. Ma BD préférée est *Mortelle Adèle* parce qu'il y a plein de blagues. J'adore quand Adèle utilise les assiettes comme des frisbees ! »

Adrian, 11 ans

« Je pratique la boxe thaïlandaise et le piano. J'aime la nature car c'est paisible et silencieux. J'ai un petit jardin chez moi à Arcueil (Val-de-Marne) où je fais pousser des plantes. J'ai deux chats, Sherkhan et Vivi, ils aiment bien dormir avec moi le soir. »

Félix, 11 ans

« J'adore me balader dans Paris et j'aime tout ce qui se touche au Japon, par exemple l'alimentation. D'ailleurs, l'un de mes plats favoris est le Ramen. Côté sport, je fais du badminton. »

Gabriel, 7 ans

« Je joue du piano et du violoncelle. Plus tard, je voudrais être réalisateur de dessins animés et écrire des mangas. Il y a des endroits très jolis dans Paris même s'il n'y a pas beaucoup de végétation ! Sinon, j'aime bien aller voir les sculptures de Giacometti. »

Sonam, 11 ans

« J'adore le tennis. Je joue aussi pas mal au basket et je fais du judo. J'aime également beaucoup dormir. L'école n'est pas une grande passion, mais ça va. Je lis des mangas et des romans classiques comme *Les Misérables* de Victor Hugo. »

Menu de la balade

Partant pour aller saluer les cygnes du parc Montsouris? C'est le jardin préféré de Sonam et Adrian. « On peut faire des siestes dans les arbres et jouer les koalas ou les paresseux! » C'est aussi un bon endroit pour jouer à cache-cache. Une rumeur dit qu'un train fantôme se cacherait dans ce joli coin de verdure. « En tout cas, c'est très poétique là-bas, tu peux t'asseoir sur des bancs "gondole" et voir un manège et des balançoires qui ont des formes anciennes où plus tu tires la corde fortement, plus tu te balances haut. C'est un beau mariage entre les jeux contemporains et historiques », signalent les deux Mômes Trotteurs.

Et pourquoi pas plonger ensuite à vingt mètres sous terre dans l'ossuaire des catacombes? La hauteur sous les voûtes atteint un mètre quatre-vingt. Ici-bas, te voilà entouré de six millions d'os avec des rangées entières de crânes et de tibias entreposés. Ensuite, tu peux grimper en ascenseur au sommet de l'un des plus hauts spots de la capitale: la tour Montparnasse, qui culmine à deux cent dix mètres de hauteur. Et faire plouf comme Augustin à l'Aquaboulevard où « tu dévales des toboggans aquatiques avec des tapis pour glisser encore plus vite ». Sensations garanties aussi à bord du Ballon de Paris, à cent cinquante mètres d'altitude.

Go, go, go!

Gazette du Môme Trotteur parisien

LA GRANDE INTERVIEW

Le parc Montsouris, dont la construction s'est achevée en 1878, a été inauguré en 1869. Sonam et Adrian s'y sont baladés en compagnie de Chiara Santini qui est historienne des jardins.

Les Mômes Trotteurs: ***Qui a inventé le parc Montsouris?***

Chiara Santini: C'est toute une équipe de techniciens, paysagistes, historiens, sculpteurs, horticulteurs, architectes... La décision a été prise à l'époque par Napoléon III. Le chef de l'équipe s'appelait Adolphe Alphand, c'était un ingénieur de l'école des Ponts et Chaussées. Et le chef administratif, c'était le baron Haussmann, qui a conduit les travaux pour redessiner Paris dans la seconde moitié du XIXe siècle.

Les Mômes Trotteurs: ***Y avait-il tous ces arbres en 1870?***

Chiara Santini: La plupart sont d'origine et on en a planté d'autres au fil du temps. Le jardin a été créé en 1862. Les ingénieurs voulaient alors construire un jardin dans un lieu avec peu de maisons. À cette époque, les jardins publics étaient très rares dans le monde. Paris est l'une des villes qui en comptait le plus, et parmi les plus soignés.

Les Mômes Trotteurs: ***Pourquoi ce parc s'appelle « Montsouris »?***

Chiara Santini: À l'origine, ce lieu-dit s'appelait Montsouris, c'est là que se situait la mairie du village de Gentilly. Ce jardin devait s'appeler « Square de Gentilly ». Et là où se trouve l'actuel périphérique, se dressait auparavant la muraille de Paris. À l'époque, un chemin de fer allait vers Sceaux et traversait le jardin en longeant la muraille. Si des soldats qui se déplaçaient en train avaient besoin de quelque chose, on pouvait ainsi directement leur donner des armes, des choses à manger, des couvertures. D'ailleurs, plein d'enfants et d'adultes restaient ici des heures à

regarder passer les trains. L'ancien chemin de fer a été remplacé par nos trains RER (Réseau express régional).

Les Mômes Trotteurs : ***C'est bien le spectacle de Guignol qui est joué ici ?***

Chiara Santini : Oui, ce petit théâtre de marionnettes a été créé à la fin du XIXe siècle. Ce jardin a en fait tout de suite été fréquenté par les enfants. Il y avait alors tout un tas d'activités que pouvaient faire les habitants du quartier. Ça vous semble être pour les tout-petits mais au XIXe siècle, les enfants de votre âge y assistaient !

Les Mômes Trotteurs : ***Y avait-il des bacs à sable en 1870 ?***

Chiara Santini : Non, car au début, dans les jardins publics parisiens, il n'y avait pas de terrains de jeux pour les enfants. On ne marchait pas sur les pelouses, pour les préserver, et les enfants jouaient dans les allées qui à l'époque étaient sablées. Ils amenaient leurs jouets et leurs petits vélos avec une très grande roue devant. Le football n'existait pratiquement pas.

Les Mômes Trotteurs : ***Vers 1900, les enfants s'habillaient de façon chic. Ils ne couraient pas en jogging ou en jean comme nous...***

Chiara Santini : C'est vrai ! Les garçons portaient des vestes de vrai monsieur mais sans cravate, et les filles des robes avec de la dentelle et les cheveux coiffés en chignon.

Ici, c'était un quartier très populaire où on pouvait venir avec ses parents ou sa gouvernante. Il fallait être bien habillé pour montrer qu'on venait d'une bonne famille, qu'on était bien soignés.

Les Mômes Trotteurs: ***Comment se fait-il que les cygnes se promènent un peu partout dans le jardin?***
Chiara Santini: Il y a un moment de l'année où ils migrent. Par exemple au château de Versailles, déjà au temps de Louis XIV, on avait des cygnes. Et c'est drôle parce qu'à cette époque personne n'en avait jamais vu. On les avait fait venir du Danemark. On les amenait dans les jardins et quand arrivait la saison froide ils partaient. Un serviteur du roi appelé « Monsieur Ballon » avait été désigné « gouverneur des cygnes ». Il était obligé de les suivre partout! Imaginez-le courir avec sa robe et sa perruque pour les attraper et les amener dans une île de la Seine qui s'appelle encore aujourd'hui l'île des cygnes... On les gardait là-bas pendant l'hiver.

Les Mômes Trotteurs: ***Ça nous étonnerait qu'il y ait un jour ici un « Monsieur Ballon »!***
Chiara Santini: En tout cas, par le passé, il y avait des gardiens pour empêcher les visiteurs de faire des bêtises. D'ailleurs, des groupes d'enfants s'amusaient à les piéger. Ils abîmaient le jardin en lançant des cailloux et en arrachant des fleurs, puis ils se cachaient. J'ai retrouvé des lettres de gardiens disant que les enfants parisiens leur faisaient vivre un enfer!

Les Mômes Trotteurs: ***Une légende raconte que le lac du parc s'est vidé deux jours avant la construction du jardin. Vrai?***
Chiara Santini: Vrai! On raconte que, la veille de l'inauguration, il y a eu un effondrement de la partie qui stabilisait l'eau. Le pilier d'une ancienne cave a créé un effondrement. Et le lac s'est vidé comme si c'était une baignoire!

Les Mômes Trotteurs: ***Ça veut dire que le lac est artificiel?***
Chiara Santini: Complètement! On l'a vraiment créé de toutes pièces. On a créé une île pour décorer le lac avec l'idée d'y aller en bateau mais comme il est peu profond, il n'est pas navigable. Si cette île est peu habitée, c'est très bien pour les oiseaux.

Les Mômes Trotteurs: ***C'est un peu le Paris des oiseaux!***
Chiara Santini: Quand le jardin a été créé, on voulait qu'il ressemble à un paysage de montagne. Imaginez: les gens qui habitaient

ce quartier n'étaient alors pas très fortunés et ils ne pouvaient pas s'offrir de vacances, ni voyager. On a créé ces paysages comme s'il s'agissait d'un livre de géographie en grandeur nature. À cette époque, on se déplaçait avec des voitures à cheval, les trains sont donc miraculeux. Grâce aux ponts aménagés, on pouvait les voir passer. Cette énorme machine faisait un bruit infernal et semblait aller à toute vitesse, c'était un spectacle incroyable ! C'est comme si vous vous installiez aujourd'hui sur des terrasses en regardant passer des engins spatiaux.

Les Mômes Trotteurs : ***Quand tu reviens au parc, ce qui est bien, c'est qu'à chaque fois tu découvres de nouveaux endroits. Comme le pont avec sa cascade...***

Chiara Santini : Le parc fait environ quinze hectares. Avec le parc des Buttes-Chaumont, c'est le plus grand. Aux Buttes-Chaumont, on a des cascades monumentales, c'est la mise en scène de grandes cascades de montagnes. Ici, elles sont plus petites.

Les Mômes Trotteurs : ***Nous voilà assis sur un rocher avec de la mousse naturelle...***

Chiara Santini : Ce n'est pas un vrai rocher, c'est du béton ! Pareil pour les escaliers. L'idée au départ était de créer des objets de la nature avec ce matériel super novateur. C'était aussi une façon de montrer tout le savoir-faire industriel de la France, capable de produire des décorations de jardin aussi extraordinaires que celles-là.

Les Mômes Trotteurs : ***Certaines sculptures sont installées sur les collines pour qu'on les voie bien...***

Chiara Santini : Au milieu du XIXe siècle, on considère qu'un parc doit avoir de belles statues. Un jardin se transforme au fil des époques, exactement comme les arbres qui poussent et qui meurent. Mais les allées n'ont pas bougé depuis leurs créations, ce sont les mêmes, sauf celles autour du lac.

Les Mômes Trotteurs : ***Il paraît qu'il y avait un château avant sur la pelouse principale ?***

Chiara Santini : Oui, c'était le palais du Bardo. On l'avait d'ailleurs transformé en observatoire météorologique pour évaluer la qualité de l'air. Il a été rasé au XXe siècle. C'était une copie de la maquette du palais du Bey d'Oran en Algérie. Les enfants s'amusaient autrefois à escalader ce château d'Orient. Si ce n'est pas un voyage, ça !

Le Paris de Picasso

Avant d'être mondialement connu, le peintre espagnol Pablo Picasso tente sa chance à Paris dès 1901. Il vit notamment dans le quartier Montparnasse qui est alors fréquenté par de grands artistes (les peintres Braque et Modigliani) et des poètes (Apollinaire) qui ont, comme lui, marqué le XXe siècle.

En 1908, l'artiste travaille dans un atelier aménagé au 11, boulevard Raspail. Quelques années plus tard, il déménage tout près et s'installe au numéro 242 du même boulevard. À Paris, Picasso peint l'une de ses plus célèbres toiles, *Les Demoiselles d'Avignon*.

Aujourd'hui, il existe dans la capitale une place Pablo-Picasso qui se trouve au croisement du boulevard Raspail, du boulevard du Montparnasse et de la rue Delambre.

LA COUPOLE ET PICASSO

La Coupole est l'une brasseries les plus connues de Paris.
Elle se trouve dans le quartier Montparnasse où réside un temps Picasso. C'est ici, pendant les années 1920 appelées « Années folles » (en raison de l'essor économique et culturel après la guerre 1914-1918), que de grands artistes s'y retrouvent pour échanger, travailler et faire la fête ! On y croise : la chanteuse Joséphine Baker, les peintres Pablo Picasso et Tsugouharu Foujita, l'écrivain Ernest Hemingway...
Ses plats incontournables ? La choucroute, le tartare de bœuf aux couteaux, le foie de veau rôti et les plateaux de fruits de mer. Sans oublier le fameux curry d'agneau à l'indienne, servi depuis 1927 !

LE SAIS-TU ?

Picasso, le premier peintre entré au Louvre de son vivant

C'est en 1900 que Picasso visite pour la première fois le Louvre. Il a 19 ans. S'imagine-t-il alors qu'un jour ses œuvres y seront présentées ? Mieux, qu'il sera le premier peintre à exposer au Louvre de son vivant ? Ce sera lors d'une exposition en 1971, à l'occasion de ses 90 ans.

Activités à faire dans le quartier

*

1. Tout sourire au parc Montsouris

Sonam

« J'aime bien le lac avec ses oiseaux. Parfois, tu peux les voir picorer un peu la terre. Il y a plein de statues, dont celle d'Ulysse avec une sorte de lion. J'ai photographié la statue du crocodile qui est sur l'île du lac. Près de la cabane, il y a une pente que j'aime bien dévaler, c'est rigolo toutes ces sensations. Tu peux aussi escalader un gros rocher. L'été, les fleurs poussent, c'est beau. Moi, j'aime bien aussi quand les canards arrivent sur le lac, les gens leur donnent des petits bouts de pain et après ils s'envolent. Ils font une sorte d'atterrissage comme du ski nautique sauf qu'il n'y a pas de bateau. Il y a un cygne noir tout près du cabanon où on fait des gaufres et des crêpes, c'est un peu la star ! Parfois, il y a des vieilles dames qui le nourrissent comme si elles le connaissaient depuis toujours. La légende raconte qu'il y a également un gros faisan sur l'île du parc. »

LE SAIS-TU ?

Cinéma jeunesse à l'Entrepôt

Cet espace atypique de 1 200 mètres carrés regroupe trois salles de cinéma et propose une programmation jeune public dès 3 ans. Point fort ? Ses projections sont suivies d'ateliers-découverte.

7, rue Francis-de-Pressensé (14e)
lentrepot.fr

2. Plonge dans les catacombes

Des millions d'os sous Paris ! Les pierres qui ont permis de construire Paris proviennent en partie de ces galeries souterraines, à vingt mètres sous nos pieds. À partir de la fin du XVIIIe siècle, elles sont devenues des catacombes, c'est-à-dire un lieu servant de cimetière et d'ossuaire, car on ne trouvait plus de place dans Paris pour enterrer les morts. Voilà pourquoi le long des murs s'empilent les os et les crânes de millions de Parisiens. Ce labyrinthe s'étend sur plusieurs kilomètres ! Une partie a été aménagée et peut être visitée.

Les catacombes
1, avenue du Colonel-Henri-Rol-Tanguy (14e)
Métro Denfert-Rochereau
catacombes.paris.fr

3. Découvre l'Observatoire panoramique de la tour Montparnasse

L'ascenseur monte très vite : cinquante-six étages en trente-huit secondes ! Depuis cet observatoire, tu vois jusqu'à quarante kilomètres au loin quand le ciel est dégagé. Et encore plus haut, au cinquante-neuvième étage, se trouve une terrasse en plein air, où tu fais du roller et du patin à glace l'hiver. Quand tu roules, tu as l'impression que tu vas atteindre la tour Eiffel ! De là, tu aperçois aussi le Sacré-Cœur, l'Arc de Triomphe. C'est magique.

Observatoire panoramique de la tour
33, avenue du Maine (14e)
Métro Montparnasse-Bienvenüe
tourmontparnasse56.com
Sur place : panoramas de Paris en réalité augmentée, bornes interactives et quizz, exposition photos d'archives sur Paris, animation 3D

LE SAIS-TU ?

Un air de Bretagne dans le quartier Montparnasse

À la fin du XIXe siècle, des milliers de Bretons débarquent dans la capitale grâce à la ligne de chemin de fer Paris-Brest. Ils arrivent en gare Montparnasse et s'installent tout autour pour y travailler. C'est comme ça qu'ils recréent une véritable petite Bretagne ! Aujourd'hui, le quartier est toujours réputé pour ses crêperies bretonnes.

Le nom de la station de métro Montparnasse-Bienvenüe vient de Fulgence Bienvenüe (1852-1936). Cet ingénieur a conçu la première ligne du métro parisien en 1900. Et devine quoi ? C'est un Breton !

LA TOUR MONTPARNASSE DÉCHIFFRÉE

Achevé en 1974, ce gratte-ciel de 120 000 mètres carrés compte 1306 marches et 25 ascenseurs. Le plus rapide relie sans escale le rez-de-chaussée au 56e étage. Sa façade de 40 000 mètres carrés possède 7 200 fenêtres. Et son poids ? 150 000 tonnes !

4. Visite la fondation Giacometti

Une visite guidée de l'atelier reconstitué de ce célèbre sculpteur, peintre et graphiste suisse (1901-1966) est proposée.

Gabriel

« On se balade dans la belle maison où Alberto Giacometti avait son atelier. Quand on entre, on peut voir sa chambre avec sur les murs des traits noirs et blancs, et une cheminée. Le blanc m'évoque la tranquillité. Il y a ses vêtements sur son lit, une armoire juste à côté, et un tabouret de piano où il a posé une sculpture grise de quelqu'un qui médite, ça m'a étonné. Les sculptures des personnes ont des jambes longues. Ils ont la bouche droite comme s'ils étaient en train de réfléchir. Giacometti, lui, avait des cheveux noirs un peu en bouclettes. En tout cas, je pense que la sculpture est un art pour lequel il faut de l'imagination. »

Fondation Giacometti
5, rue Victor-Schoelcher (14e)
Métro Denfert-Rochereau
01 44 54 52 44
fondation-giacometti.fr

Ballon de Paris
2, rue Cauchy, (15e)
Métro Javel
ballondeparis.com

5. Survole Paris en montgolfière au parc André-Citroën

Relié au sol par un câble, le Ballon de Paris (le plus grand du monde!) peut transporter jusqu'à trente personnes dans sa nacelle. Il s'élance dans le ciel sans un bruit et te donne l'impression de voler. De là-haut, tu profites d'une vue imprenable sur la tour Eiffel. En plus, ce ballon captif à gaz est un outil précieux qui sert également aux scientifiques. En effectuant des vols à trois cents mètres d'altitude, il leur permet de contrôler la qualité de l'air de la capitale. Selon le niveau de pollution, le ballon change de couleur! Vert = l'air est bon / Orange = médiocre / Rouge = mauvais.

6. Dévale les toboggans du centre Aquaboulevard

Augustin

« J'ai commencé par le petit toboggan baleine. En fait, tu entres dans le ventre d'une baleine par le haut et tu vois tout son squelette ! Avec le toboggan splash, l'eau monte jusqu'à deux mètres quand tu arrives, donc tu as la tête sous l'eau. Il y a aussi une mer avec au tout début un centimètre de profondeur, puis ça monte jusqu'à un mètre et plus. Et à un moment, il y a de très grandes vagues, d'énormes jets d'eau et on entend une cornemuse qui ressemble à la sirène d'un bateau. Je me suis bien éclaté ! »

Aquaboulevard
4-6 rue Louis Armand (15e)
Métro Balard
01 40 60 10 00
aquaboulevard.fr

7. Poste-toi face musée de la Poste !

À travers les trois étages de l'exposition permanente, tu découvres un panorama des timbres de France qui raconte l'histoire du pays et en dit long sur le quotidien de ses habitants. Les premières cartes des routes de poste et les uniformes des facteurs y sont également exposés. Lors de visites guidées, on te raconte aussi l'histoire du transport postal ou encore les secrets de fabrication du timbre. Tu fais également connaissance avec l'art postal. Passionnant !

Musée de la Poste
34, boulevard de Vaugirard (15e)
Métro Montparnasse
01 42 79 24 24
museedelaposte.fr

8. Fais des étincelles au Palais de la découverte

Félix

« On y parle de choses tout à fait différentes : les astres, l'hypnose, l'informatique et les codages, la vie des grenouilles. On fait aussi des expériences de chimie. Dans le planétarium, une fois bien installés, la tête vers le haut, on nous explique que l'étoile du Berger est en fait Jupiter et qu'il y a beaucoup plus de douze constellations, que les années-lumière ce n'est pas un temps mais une distance. »

Les Étincelles du Palais de la découverte
186, rue Saint-Charles (15e)
Métro Balard
01 56 43 20 20
palais-decouverte.fr

8. autour de

LA CITÉ DES SCIENCES ET DE L'INDUSTRIE

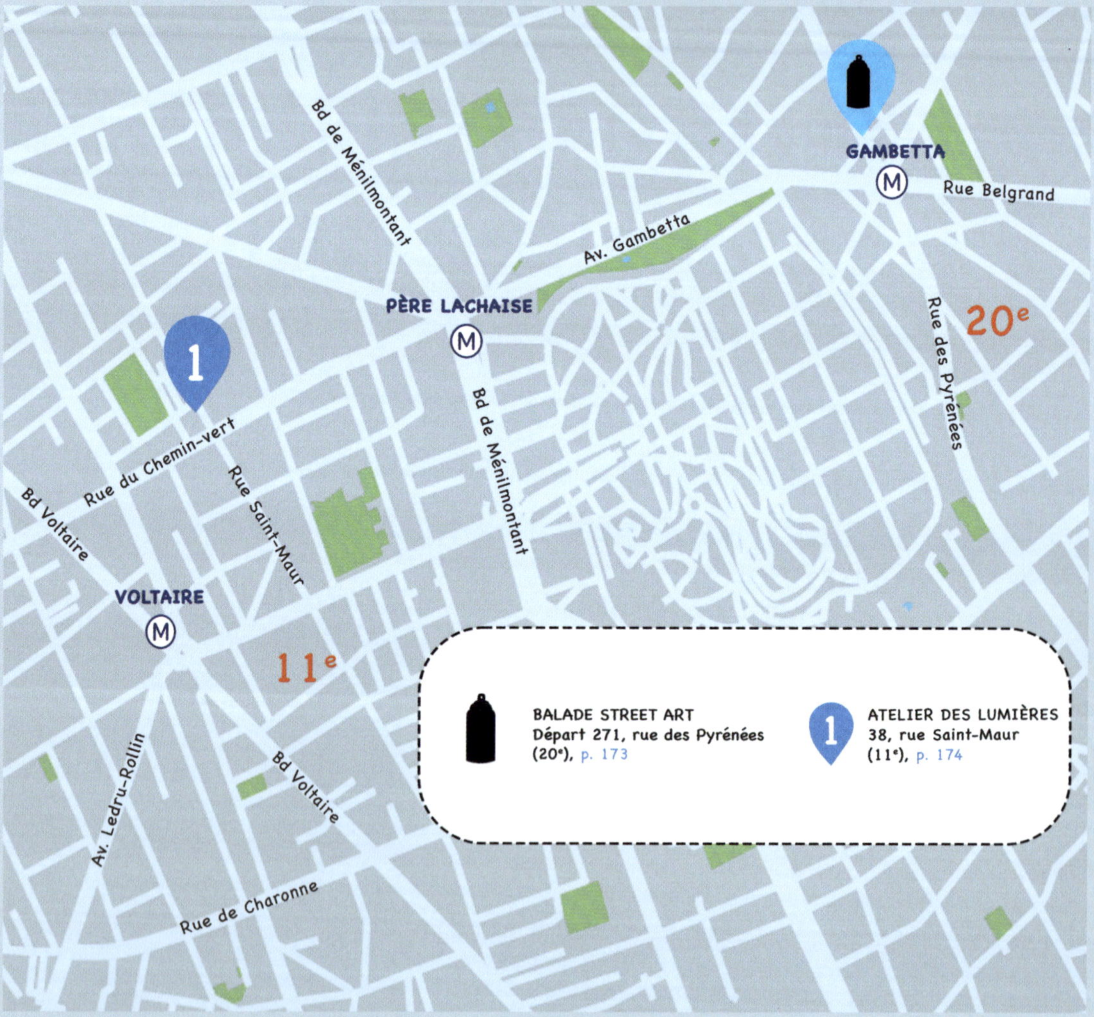

BALADE STREET ART
Départ 271, rue des Pyrénées
(20e), p. 173

ATELIER DES LUMIÈRES
38, rue Saint-Maur
(11e), p. 174

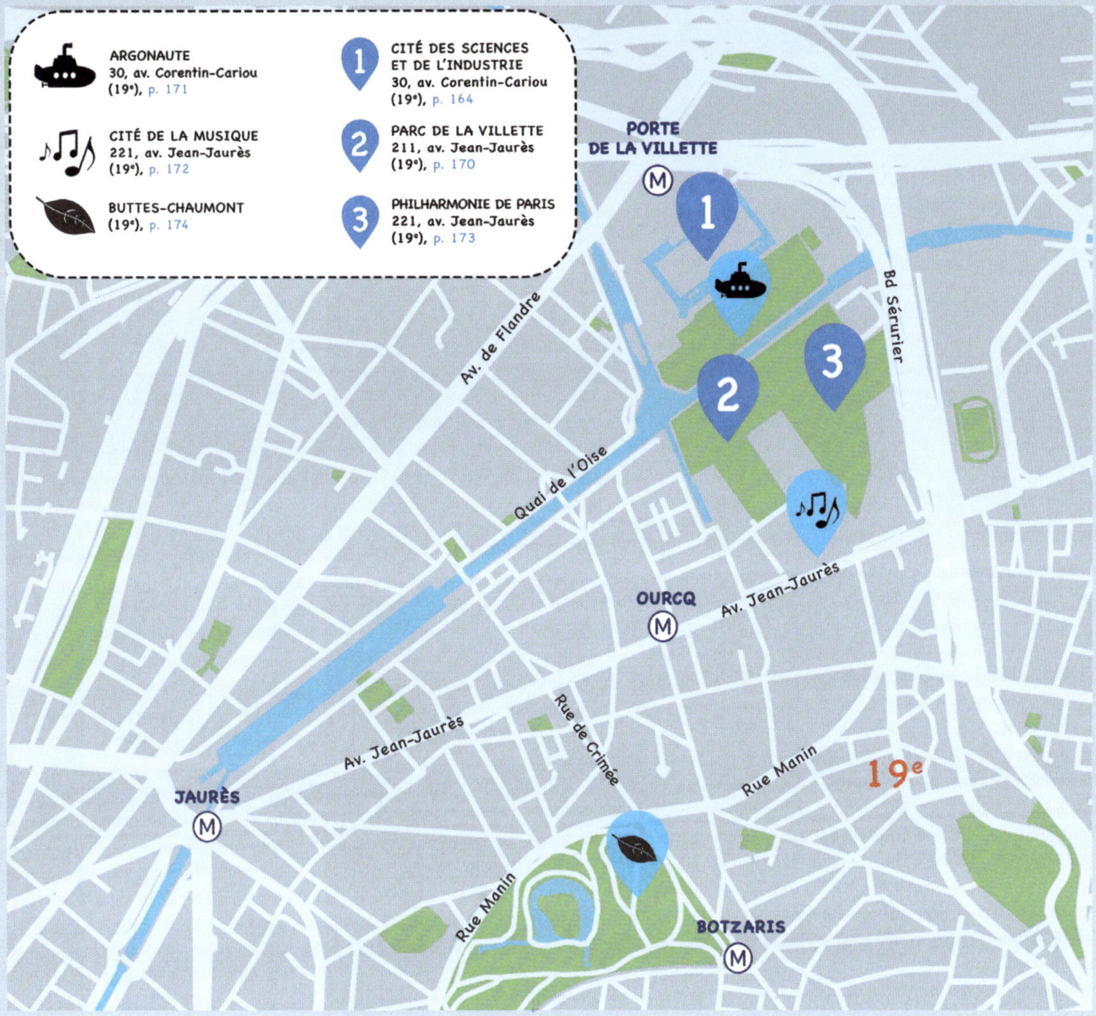
ARGONAUTE
30, av. Corentin-Cariou
(19e), p. 171
CITÉ DE LA MUSIQUE
221, av. Jean-Jaurès
(19e), p. 172
BUTTES-CHAUMONT
(19e), p. 174
1 CITÉ DES SCIENCES ET DE L'INDUSTRIE
30, av. Corentin-Cariou
(19e), p. 164
2 PARC DE LA VILLETTE
211, av. Jean-Jaurès
(19e), p. 170
3 PHILHARMONIE DE PARIS
221, av. Jean-Jaurès
(19e), p. 173
PORTE DE LA VILLETTE
Av. de Flandre
Bd Sérurier
Quai de l'Oise
OURCQ
Av. Jean-Jaurès
Rue de Crimée
Av. Jean-Jaurès
Rue Manin
19e
JAURÈS
Rue Manin
BOTZARIS

Les Mômes Trotteurs

Félix, 11 ans

« J'aime la lecture et la science. J'adore me balader dans Paris et tout ce qui se touche au Japon, par exemple l'alimentation. Je fais aussi du badminton. »

Sonam, 11 ans

« J'adore le tennis. Je joue aussi pas mal au basket et je fais du judo. J'aime également beaucoup dormir. Je lis des mangas et des romans classiques comme *Les Misérables* de Victor Hugo. »

Barnabé, 9 ans

« J'aime dessiner et faire des BD sans paroles. Je lis beaucoup de mangas. J'aimerais devenir illustrateur et commerçant: je vendrai mes livres et la laine de mon ami qui veut devenir berger. Mon sport préféré est la capoeira. »

Léo, 9 ans

« J'adore la science, et les Lego. Je suis passionné par plein de sujets, et quand ça m'intéresse, j'aime écrire des histoires et faire un journal. Je m'intéresse particulièrement à la paléontologie, au Big Bang, au corps humain. J'adore Stephen Hawking et Albert Einstein. »

Mona, 11 ans

« J'adore lire et inventer de petits objets. Mon sport préféré est le skate. Je voudrais devenir écrivaine. J'ai commencé à écrire un livre qui raconte l'histoire d'une ado qui se transforme en vampire et va explorer le monde. »

Tsiaro, 11 ans

« Je pratique le karaté. Dans cette activité, j'aime beaucoup les katas (enchaînements de techniques réalisées dans le vide simulant un combat réel). Ce qui me plaît le plus à Paris? La tour Eiffel! »

Salomé, 11 ans

« Je fais du basket et du violoncelle. J'aime lire des BD et des romans. La danse fait partie de mes activités favorites, en particulier le hip-hop et la danse afro. À Paris, il y a beaucoup d'activités culturelles à faire! »

Gabriel, 7 ans

« Je vis à la campagne dans le Morvan. Il y a des endroits très jolis dans Paris même s'il n'y a pas beaucoup de végétation! J'aime bien y venir pour visiter les musées. J'adore aller dans les parcs d'attractions et lire des mangas où il y a des enquêtes. »

56

Menu de la balade

La Villette fourmille d'activités insolites ! Après une promenade revigorante dans son parc géant, où tu dévales la langue-toboggan du jardin du Dragon, tu peux explorer la Cité des sciences et de l'industrie. À l'intérieur, la Cité des enfants, dotée d'une fourmilière et d'une serre à papillons, te propose une foule d'animations sur la chimie, la technologie ou encore l'astronomie pour comprendre le monde qui t'entoure. Selon Mona et Léo, « c'est un vrai labyrinthe » !

Le site de La Villette accueille aussi l'*Argonaute*, un sous-marin transformé en musée, et la Cité de la musique. Salomé aime se rendre à la Philharmonie pour admirer Paris depuis son toit panoramique et pour voir de chouettes expositions par exemple sur le hip-hop. Et pourquoi pas faire escale plus tard dans le parc des Buttes-Chaumont ? Tu entendras le bruit de ses cascades si doux à l'oreille.

Alors, prêt à faire le plein de connaissances ?

Gazette du Môme Trotteur parisien

LA GRANDE INTERVIEW

Mona et Léo ont suivi Isabelle Leroux. Elle est médiatrice scientifique à la Cité des sciences et de l'industrie. Selon Isabelle, on peut s'amuser en parlant de la science ! Maths, physique, astronomie, environnement : à la Cité des enfants, une vingtaine de médiateurs proposent des animations pluridisciplinaires.

Les Mômes Trotteurs : *Qu'y avait-il avant dans le grand bâtiment de la Cité des sciences ?*
Isabelle Leroux : Des abattoirs, qui ont fermé à la fin des années 1970. Ils étaient installés juste derrière, dans le parc de La Villette. Les animaux y étaient emmenés par voie fluviale sur le canal de l'Ourcq qui est proche du bâtiment. Et notre Cité des sciences a ouvert en 1986. Ce musée est dans le cœur de nombreux Parisiens qui l'ont découvert petits. Aujourd'hui, ils y emmènent leurs propres enfants !

Les Mômes Trotteurs : *Reste-t-il des traces de l'abattoir ?*
Isabelle Leroux : Oui, pour garder une trace historique, on a volontairement gardé la couleur bleu foncé des abattoirs dans le musée. En fait, c'est une couleur qui attire les mouches pour les détourner des animaux. Ce n'est pas très ragoûtant, mais c'est l'histoire !

Les Mômes Trotteurs : *On voit des carpes dans les bassins devant le musée. À quoi servent ces bassins ?*
Isabelle Leroux : En fait, vous êtes ici dans un lieu de refuge. Quand les Parisiens déménagent ou qu'ils ne peuvent plus s'occuper de leur poisson rouge, on leur propose de les accueillir dans notre bassin. Comme ça, ils finissent leur vie tranquillement ici. C'est une eau naturelle où les oiseaux viennent pondre, il y a des grenouilles, pas mal d'insectes et des carpes… L'idée est de recréer un écosystème.

Les Mômes Trotteurs : ***L'eau est un peu trouble mais c'est une bonne idée ! Car c'est un lieu de rencontres pour les poissons !***

Dans l'animalerie de la Cité des sciences

Isabelle Leroux : C'est là que sont gardés tous nos animaux pensionnaires ! Des techniciens s'occupent d'eux. On y voit des scarabées, des escargots qui nettoient les vitres (c'est pratique), des chenilles comètes de Madagascar. Ce sont de gros papillons jaunes qui peuvent piquer, d'ailleurs on prend des gants pour les manipuler. Nous avons aussi des mygales, et la légende raconte qu'un jour certaines se sont échappées de l'animalerie et se sont retrouvées sur un bureau !

Les Mômes Trotteurs : ***Les souris sont mignonnes, mais pourquoi courent-elles partout dans leur cage ?***
Isabelle Leroux : On a eu besoin des souris pour l'exposition « L'homme et les gènes ». En général, on les expose deux jours puis on les remet ici en chambre de repos. C'est leur chambre de récré, elles jouent ! C'est l'éclate totale !

> La mascotte de toutes les expositions pour enfants représente une chatte.
> Elle s'appelle **princesse Shito** et on peut la retrouver sur Instagram.

Les Mômes Trotteurs : ***Est-il vrai que la lumière bleue apaise les plantes ?***
Isabelle Leroux : La lumière jaune stimule leur croissance, la rose et la bleue favorisent leur floraison.

Dans la régie et la salle du Planétarium

Les Mômes Trotteurs : ***Comment sont diffusés les films au planétarium ?***
Isabelle Leroux : Il faut beaucoup de lumière et de puissance pour projeter une image entière et pleine. On dispose donc de dix projecteurs dans la salle, chacun se partageant une zone de l'écran. Les images sont travaillées par ordinateur. C'est de la haute résolution, soit huit mille pixels (petits carrés de lumière) il faut donc découper l'image. On a deux millions de pixels sur une télé normale, et là, on en a soixante-quatre millions sur une seule image !

Les Mômes Trotteurs: ***Comment est-ce qu'on crée un film au planétarium?***

Isabelle Leroux: On fait nos propres spectacles! Moi et mes collègues, on joue le rôle d'un capitaine de vaisseau spatial, le *Maddy rose*. Grâce à lui, on part dans l'espace visiter les planètes les plus lointaines du système solaire à la recherche de la sonde *Voyager 1*. On survole la Lune, on passe à proximité des planètes Mars, Jupiter et Saturne. La sonde a été envoyée il y a plus de quarante ans par la NASA, et à son bord, on a mis un disque en or sur lequel il y a plein d'informations sur la Terre. Aujourd'hui, la sonde a quitté le système solaire, à plus de vingt-trois milliards de kilomètres de la Terre, et nous, dans ce spectacle, nous allons recharger les batteries de cette sonde.

À la Cité des sciences, il existe une salle secrète avec des aquariums où Mona et Léo ont croisé toutes sortes de poissons. Ils passent par ici avant d'être présentés lors des expositions.

Les Mômes Trotteurs: ***Que fait-on exactement dans cette salle?***
Isabelle Leroux: On nettoie les aquariums, on fait des analyses pour tester la qualité de l'eau, on teste le magnésium, le calcium pour les coraux. On soigne aussi les poissons malades.

Les Mômes Trotteurs: ***Quels poissons peut-on voir à la Cité des sciences?***
Isabelle Leroux: Le périophtalme, c'est un poisson qui peut aller en dehors de l'eau et vivre ainsi car il a des branchies et des poumons. Il y a aussi le crabe violoniste, il a deux pinces dont une est beaucoup plus grosse. Cela rappelle les musiciens violonistes qui ont souvent un bras plus gros parce qu'ils sont obligés de manier l'archet.
Maintenant, on va aller faire des expériences et je vais vous montrer en quoi consiste mon métier de médiatrice.

Les Mômes Trotteurs: ***Une médiation, c'est une expérience pour vulgariser la science?***
Isabelle Leroux: Oui, je parle de science aux adultes et aux enfants à partir de l'âge de 2 ans. Pour que la science apparaisse comme quelque chose de fun et de merveilleux.

Les Mômes Trotteurs: ***Je ne suis pas sûre qu'on comprenne tout à deux ans!***
Isabelle Leroux: À la Cité, il y a même un espace pour les 0-2 ans. Les bébés font des expériences, c'est intéressant même s'ils n'ont pas la mémoire consciente. Ça apporte plein de liens et de connexions dans le cerveau. On peut travailler sur une notion comme «les étoiles font de la lumière» avec des spectacles et des contes.

LA CITÉ DES SCIENCES DÉCHIFFRÉE

Inaugurée le 14 mars **1986**, la Cité des sciences et de l'industrie a été conçue par l'architecte Adrien Fainsilber, qui a transformé les anciens abattoirs de La Villette en conservant ses piles de béton et les poutres de son toit peintes en bleu. D'une longueur de **270** mètres et d'une largeur de **110** mètres, ce bâtiment monumental en partie vitré est doté de **7** niveaux. Les bassins qui l'entourent rappellent le décor d'un château fort… ultramoderne !

Animation : « Le gla gla show » sur la physique du froid

Isabelle Leroux : Je propose des expériences assez marrantes avec l'azote liquide, un produit qu'on utilise pour brûler les verrues. C'est très, très froid : sa température atteint -196 °C ! On en trouve dans l'air que l'on respire, sous forme de gaz. Ici, je l'ai sous forme liquide. Et quand il se transforme en gaz, il fait des bulles. Comme lorsque l'eau bout. Quand on verse l'azote liquide sur la moquette, il se retransforme tout de suite en gaz. Et quand de l'azote liquide rencontre de l'eau chaude, ça donne une explosion de nuages. Voilà sous vos yeux une fabrique à nuages !

Les Mômes Trotteurs : On pourra dire qu'on a touché un nuage ! Toutes ces expériences sont géniales, elles donnent envie de travailler plus tard à la Cité des sciences !

Cité des sciences et de l'industrie
30, avenue Corentin-Cariou (19e)
Métro Porte de la Villette
et Porte de Pantin
cite-sciences.fr

Le Paris de Marie Curie

Première femme élue à l'Académie de médecine, Marie Curie a consacré toute sa vie à la science. Comme elle aimait transmettre son savoir notamment aux enfants, elle aurait apprécié la Cité des sciences !

Née à Varsovie en Pologne en 1867, Marya Skodowska (son vrai nom) part étudier à Paris en 1891. Elle y épouse le scientifique Pierre Curie. Ensemble, ils découvrent le phénomène de la « radioactivité ». Ils observent que les rayons d'un métal appelé radium sont capables d'éliminer des cellules du corps humain qui entraînent des maladies comme le cancer. En 1903, Marie reçoit, avec son époux et Henri Becquerel, le prix Nobel de physique. C'est la première femme à obtenir cette grande récompense. En 1911, on lui décerne le prix Nobel de chimie. Deux prix Nobel, un exploit !

Aujourd'hui, c'est au 1, rue Pierre-et-Marie-Curie, dans le 5e arrondissement de Paris, que se trouve le musée Curie. Tout près du Panthéon où le couple repose.

Activités à faire dans le quartier

*

Les marchés aux bestiaux et les abattoirs du quartier de La Villette ont donc disparu. À la place, on a construit le parc de La Villette. L'été, tu peux participer aux projections gratuites de films en plein air sur les pelouses de la prairie du Triangle. La Grande Halle, où tu ne croises plus de bétail, est classée monument historique. Ici, on assiste aujourd'hui à des spectacles et festivals de tout poil. « Il y a aussi de super expos, j'y ai vu celle sur Toutânkhamon ! », précise Salomé. Tout près se dresse le Zénith, une grande salle de concert. On s'amuse et on se cultive à La Villette !

1. La Cité des sciences et de l'industrie

Sonam

« J'y ai vu une exposition sur la magie du cinéma, sur les jeux vidéo pour comprendre comment fonctionne une console. Je conseille la Cité des enfants avec tous ses jeux qui t'expliquent par exemple ce qu'est l'aérodynamisme. Et puis, découvrir une fourmilière à quatre pattes, comme si t'étais une fourmi, c'est vraiment super ! Pendant les stages, on monte une maison en briques avec du ciment, on perce du bois pour faire des panneaux solaires ou on apprend à faire des circuits électriques. »

2. Évade-toi dans le parc de La Villette

Salomé

« Dans le Jardin des dunes on fait du trampoline, de la tyrolienne, on s'amuse aussi grâce aux toboggans et à une grande roue. L'été, il y a des étendues pour faire des pique-niques. D'ailleurs, on peut s'acheter des gaufres et des hot-dogs dans des *food-trucks*. Un petit parcours mène à un toboggan en forme de dragon qui donne de bonnes sensations ! »

LE SAIS-TU ?

Le bassin de La Villette est le point de départ de croisières en bateaux électriques ! Tu mets les voiles sur le canal Saint-Martin, qui passe sous la place de la Bastille et se jette dans le port de l'Arsenal. Ce bassin est à la croisée des canaux Saint-Martin, Saint-Denis et de l'Ourcq créés par Napoléon Bonaparte au début du XIXe siècle pour permettre aux Parisiens de mieux naviguer dans leur ville et de boire de l'eau potable. Avec ses ponts tournants et ses passerelles métalliques, le canal Saint-Martin est le plus petit : il mesure 4,5 kilomètres dont plus de 2 kilomètres en souterrain.

3. Explore l'*Argonaute*, un vrai sous-marin

L'*Argonaute* est un sous-marin de la marine française mis en service en 1958 et désarmé en juillet 1982.

Gabriel

« On descend dedans grâce à un escalier étroit. Il y a beaucoup de tuyaux ! On voit la salle à manger où il n'y a pas de table. J'ai vu un missile, il est posé droit et il y a comme un tuyau pour tirer. C'est bizarre parce que les lits sont juste au-dessus ! C'est impressionnant d'aller dans un sous-marin, on découvre comment ils vivaient dedans avec leur toute petite cuisine et leurs banquettes. On se demande s'ils arrivaient bien à respirer à l'intérieur. Il y a aussi un musée avec un scaphandre et grâce à sa lunette extérieure on peut regarder le jardin de La Villette. Et on peut piloter un sous-marin en tenant un guidon ! On nous explique aussi la poussée d'Archimède, qui permet de ne pas se cogner dans les rochers. »

Argonaute
30, avenue Corentin-Cariou (19e)
Métro Porte de la Villette

4. Arpente la Cité de la musique

Barnabé

« J'ai visité le musée de la Musique. Il y a beaucoup de guitares électriques, une mandoline, et des pianos trop drôles avec des formes rigolotes. Le capot de l'un d'eux a la forme du bas d'une guitare électrique et ensuite il est en pointe. C'est ultramoderne ! »

Cité de la musique
221, avenue Jean-Jaurès (19e)
Métro Porte de Pantin
citedelamusique.fr

5. Fais le plein de musique à la Philharmonie des enfants

Cet espace ludique de mille mètres carrés est conçu pour les 4-10 ans. Les juniors explorent et jouent librement avec la musique grâce à une trentaine d'installations.

Gabriel

« C'est grand comme la moitié d'un terrain de football. Dans l'atelier Graines de star, j'ai joué les chefs d'orchestre. Quand on lève les bras vers le haut, ça joue plus fort, et vers le bas, moins fort. C'est amusant mais quand même bizarre ! Dans le coin des machines sonores, il y a une guitare, un clavier et un tambourin, tu dois jouer en rythme, j'adore ! J'ai l'impression de faire partie d'un groupe de rock. On apprend aussi à faire les bruitages d'un film, par exemple avec des gants de boxe et des chaussures. Tout est bien fait ! »

Philharmonie de Paris
221, avenue Jean-Jaurès (19e)
Métro Porte de Pantin
philharmoniedeparis.fr

6. Initie-toi au *street art* à Belleville-Ménilmontant

Félix

« La balade dure plus d'une heure, on chasse les graffitis, et à la fin on doit trouver un mot mystère. Le guide explique beaucoup de choses. À Belleville, il y a du *street art* sur la façade des immeubles, sur des piliers, sur des petits murets. L'œuvre qui m'a vraiment plu ? C'est un tigre créé par l'artiste Mosko. Moi, je vois vraiment ça comme de l'art. C'est très bien fait. »

Balade *street art*
Départ du 271, rue des Pyrénées
(angle rue du Retrait)
Métro Gambetta
parisdenfants.com

7. File d'art d'art à l'Atelier des Lumières

Tsiaro

« Ce lieu nous raconte l'histoire des peintures. J'y ai vu celles de Kandinsky et de Cézanne. C'est comme une immersion avec plein de tableaux qui sont projetés sur des écrans et qui défilent autour de nous. En fait, nous sommes notre propre guide, du coup nous essayons de trouver l'histoire des œuvres. Les peintures nous parlent et c'est à nous d'interagir en marchant ou en restant assis. »

Atelier des Lumières
38, rue Saint-Maur (11e)
Métro Voltaire, Saint-Ambroise
atelier-lumieres.com

8. Promène-toi dans le parc des Buttes-Chaumont

Salomé

« C'est un parc plutôt calme avec beaucoup de montées, d'arbres et de petites rivières. Il y a aussi de nombreux recoins et un pont assez haut qui bouge quand on marche dessus, c'est agréable. Grâce à des escaliers, tu grimpes jusqu'à la grande butte et tu arrives face à un kiosque (temple de la Sibylle). De là, tu as une belle vue panoramique sur Paris. Dans ce parc, plus jeune, j'ai aussi fait des balades en poney. »

Parc des Buttes-Chaumont
1, rue Botzaris (19e)
Métro Buttes-Chaumont
Ouverture à 7h, fermeture en fonction des saisons entre 20h et minuit
Activité poney : animaponey.com

LE SAIS-TU ?

Le mont Chauve, premier nom donné aux Buttes-Chaumont

Pourquoi « chauve » ? Parce qu'au départ, ce grand espace vert est construit sur une ancienne carrière de gypse, où aucune végétation ne peut pousser. Un vrai crâne lisse ! Mais sous le Second Empire, en 1867, après quatre ans de travaux, des fleurs (roses, chèvrefeuilles...) et des arbres (séquoias, cèdres de l'Himalaya...) sont plantés autour de son promontoire rocheux. Au sommet, tu découvres une reproduction du temple de la Sibylle (à Tivoli, près de Rome, en Italie), qui est perchée sur une falaise de 89 mètres.

© MAGELLAN & Cie

Direction éditoriale : Hélène Phénix
Couverture et illustrations : Sébastien Mourrain
Cartes : Lili Waucheul

34 rue Ramey – 75018 Paris – 01 53 28 03 05
contact@editions-magellan.com
www.editions-magellan.com

ISBN : 978-2-35074-767-5

Imprimé en France par SEPEC à Péronnas - 02281240423
Dépôt légal : troisième trimestre 2024

IMPRIM'VERT®